軍が警察に勝った日

昭和八年　ゴー・ストップ事件

山田邦紀

現代書館

軍が警察に勝った日＊目次

ゴー・ストップ事件の主要関係人物

軍側

陸軍大臣　　荒木貞夫（大将）
第四師団長　寺内寿一（中将）
同参謀長　　井関隆昌（大佐）
第八連隊長　松田四郎（大佐）
大阪憲兵隊長　難波光造（少将）
同特高課長　五十嵐翠（大尉）
第八連隊　中村政一（一等兵）

大阪府側

内務大臣　　山本達雄
内務省警保局長　松本学
大阪府知事　縣《あがた》忍
大阪警察部長　粟屋仙吉
大阪警察部警務課長　今井久
大阪警察部監察官　藤原侃治
大阪府議会議長　辻阪信次郎
曾根崎署長　高柳博人（後任は増田政一）
同巡査　戸田（中西）忠夫

検事局側

検事総長　林頼三郎
大阪控訴院検事長　光行次郎
大阪地裁検事局検事正　和田良平
同次席検事　真野歓三郎

調停側

兵庫県知事　白根竹助
司法大臣　小山松吉

はしがき

ゴー・ストップ事件と聞いて「ああ、あの事件か」とすぐピンとくる人はそれほど多くないだろう。そう思われる理由はいくつかある。

第一に、昭和八（一九三三）年という、かなり昔に起きた事件であること。第二に、ほぼ〝大阪限定〟で話題になり、東京などではあまり報道されなかったこと。また第三に、子供のケンカに大人（親）が出てきたような、一見、何ともバカバカしい事件であること。

発端はごくありふれたケンカである。

大阪の繁華街で、休暇中の軍服姿の兵士が信号を無視して市電軌道を横断した。これを見咎《とが》めて注意した交通巡査と押し問答になり、近くの派出所まで行ったところで両者が殴り合った。

それだけなら当時けっこう多かった兵士と警官の一トラブルに過ぎなかったのだが、憲兵が出てきたため憲兵隊対警察の確執になり、さらにエスカレートして大阪師団（第四師団）と大阪府庁（警察）の対立になった。第四師団の師団長と大阪府知事によるトップ会談でも解決できず、ついには荒木貞夫陸軍大臣も登場、陸軍省対内務省（警察）のメンツをかけた一門総出の争いになり、なんと五カ月間も揉めに揉めたのである。

最初はいささか喜劇的に始まったこの事件、しかしやがて不気味な様相を見せ始める。「謝れ」「謝らない」と応酬し合っているうちはまだよかったが、やがて「皇軍の威信」と「警察権擁護」に争点が移る。曾根崎警察署長などは何とか穏便に事を収めようとし、また両者を和解させようとする仲介人もいたのだが、事件は沈静化するどころか反対に拡大の一途をたどり、ついには二人の犠牲者が出てしまう。

事件拡大の最大要因は軍（第四師団）が徹底的に横車を押したことである。昭和六年に満州事変を起こし、翌年の五・一五事件で政党政治を抹殺した軍部の鼻息は荒く、このゴー・ストップ事件でも「統帥権」を笠に着て傍若無人に振る舞って暴走した。最終的には天皇のツルの一声でようやく和解が成立したが、和解の内容は今に至るまで公表されていない。しかし警察が譲歩したのは明らかで、軍が力で警察をねじ伏せた格好だ。

軍部と国内の治安維持を司る内務官僚（警察）は当時の二大権力機構だったが、「対軍非協力」の大阪でも軍が勝利したことで国内にはもはや軍の意向に逆らうものはいなくなり、その後は官僚自身も軍と結合してしまう。新聞も骨抜きにされ、制御機能を失った日本はやがて日中戦争、さらには太平洋戦争へと突っ走って行くのだ。

いまゴー・ストップ事件を取り上げるのは、こうした軍部独裁のきっかけとなった見かけ以上に重大な事件であり、その経過をたどり歴史的意味を考えることで、新たに台頭しつつあるファシズムにどう対処すべきか、そのヒントを教えてくれるのではないかと考えたからだ。

この本で、いまや半ば忘れ去られているゴー・ストップ事件に一人でも多く興味を持ってもらえれば幸いである。

第一章　発端

天六交差点

大阪市北区天神橋六丁目は通称「天六」と呼ばれる繁華街。「天神橋」という町名は大阪市民たちに「天満《てんま》の天神さん」と親しまれている北区天神橋二丁目の大阪天満宮（創建九四九年。祭神は菅原道真公）、および天神橋（堂島川・土佐堀川に架かる浪速随一の長橋）に由来するもので、昭和五十三（一九七八）年までは「天神橋筋」という町名だった。現在一丁目から八丁目まであるが、このうち最も有名なのが「天六」である。

この天六、明治後期から大正初期にかけては〝北のスラム〟という言い方をされることがあった。当時の大阪は日本最大の商工業都市としてことに都市部の発展が目覚ましく、その反動として人口・家屋の過密地帯が拡大して生活困窮者や社会の落伍者が増えた。天六界隈はその代表格の一つで、大正七（一九一八）年、富山で起きた米騒動が大阪に波及した際には天六でもおよそ七千人が集まって米穀商を襲い、また市電などを破壊したとされる。

市や区は「これではいけない」とスラム解消に乗り出し、翌大正八年に天六職業紹介所を作り、また同十年にはわが国最初のセツルメント（貧民地区に定住して住民の生活向上に努力する社会事業、およびその施設）であり世界的にも有名になった北市民館が設置された。このあたりから天六は急速に整理され繁栄する。

その象徴となったのが交通網。大阪と京都を結ぶ阪急京都本線（阪急電鉄）の大阪側起点はいまでこそ梅田だが、大正十四（一九二五）年に前身の新京阪鉄道が開業したときは天六に置かれた天神橋駅（いまの天神橋筋六丁目駅のルーツ）が京都に向かうターミナル駅だった。まず同年に天神橋駅―淡路駅（大阪市東淀川区）間が開業、京都の嵐山線につながるのは昭和三（一九二八）年で、行楽シー

当時の新京阪鉄道天神橋駅

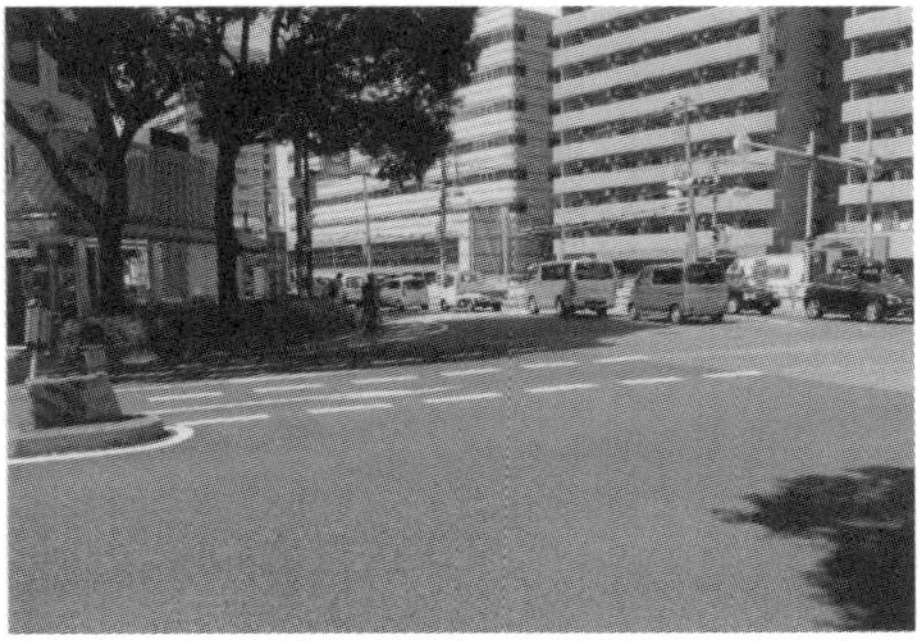

現在の大阪市北区、天六交差点

ズンには天神橋駅から京都・嵐山に向かう電車は常に満員だったという。この頃から「天六」というのは天神橋駅、およびその周辺地域の両方を指す名称となる。天神橋駅はこのほか大阪市電、阪神電気鉄道などとも接続する便利な駅として利用客が多く、大正十五（一九二六）年に完成した七階建ての新京阪天神橋駅舎（のち改修されて天六阪急ビルに）は、日本におけるターミナルビルの先駆となったことで知られている。

当時の天神橋駅について、大阪出身のノーベル賞受賞物理学者である江崎玲於奈氏がこう回想している。

「大人になってからは、子どもの頃に乗った鉄道模型を集めるようになりました。（中略）大阪―京都36分の猛スピードを実現した新京阪鉄道（現阪急京都本線）の模型もあります。大阪・天神橋筋6丁目の豪華なターミナルビルが発着場所でした。このターミナルと大阪・千里山を結んでいた現在の阪急千里線は、父がよく利用していました」（二〇一〇年九月三十日付『読売新聞』）

その後、昭和四十五（一九七〇）年の大阪万博に合わせて地下鉄（堺筋線）との相互乗り入れが始まり、現在の天神橋筋六丁目駅は市営地下鉄・堺筋線、同谷町線、それに阪急千里線の三つのホームを持つ地下駅となっている。利用客は一日約五万人で、いまでも交通の要所なのである。

兵隊が信号無視

昭和八（一九三三）年六月十七日の土曜日午前十一時半頃、江崎玲於奈氏が言及したその豪華な天六ターミナル駅前の市電交差点でケンカ騒ぎが起きた。初夏の暑い日だった。

この日、たまたま外出中の陸軍第四師団歩兵八連隊第六中隊の中村政一一等兵（二二）が制服姿で天六・新京阪電車前の市電交差点を南へ、赤信号を無視して軌道を横断しようとしたところを通行人の一人が見て、「お巡りはん、兵隊さんがあんなところに出て、あぶないでエ」と現場勤務中の曾根崎警察署交通係の戸田忠夫巡査（二七）に注意を促した。戸田巡査が振り返ると、信号無視の兵隊が見える。戸田巡査はメガホンで「車道を歩いてはいかん。歩道を歩け」と大声で注意した。

中村政一一等兵（左）と戸田忠夫巡査（右）

しかし中村一等兵は聞こえたのか聞こえていないのか、この声を無視してなおも車道を突っ切ろうとするので、戸田巡査が駆け寄り、押し問答になった。通行人の一人が「おーいケンカやで。巡査と兵隊や」と大声を上げたので、たちまち野次馬が集まってくる。

戸田巡査は中村一等兵の襟首をつかまえるようにして約十メーター離れたところにある天六派出所に連行した。

派出所にはそのとき曾根崎署詰めの高井一正巡査、それに

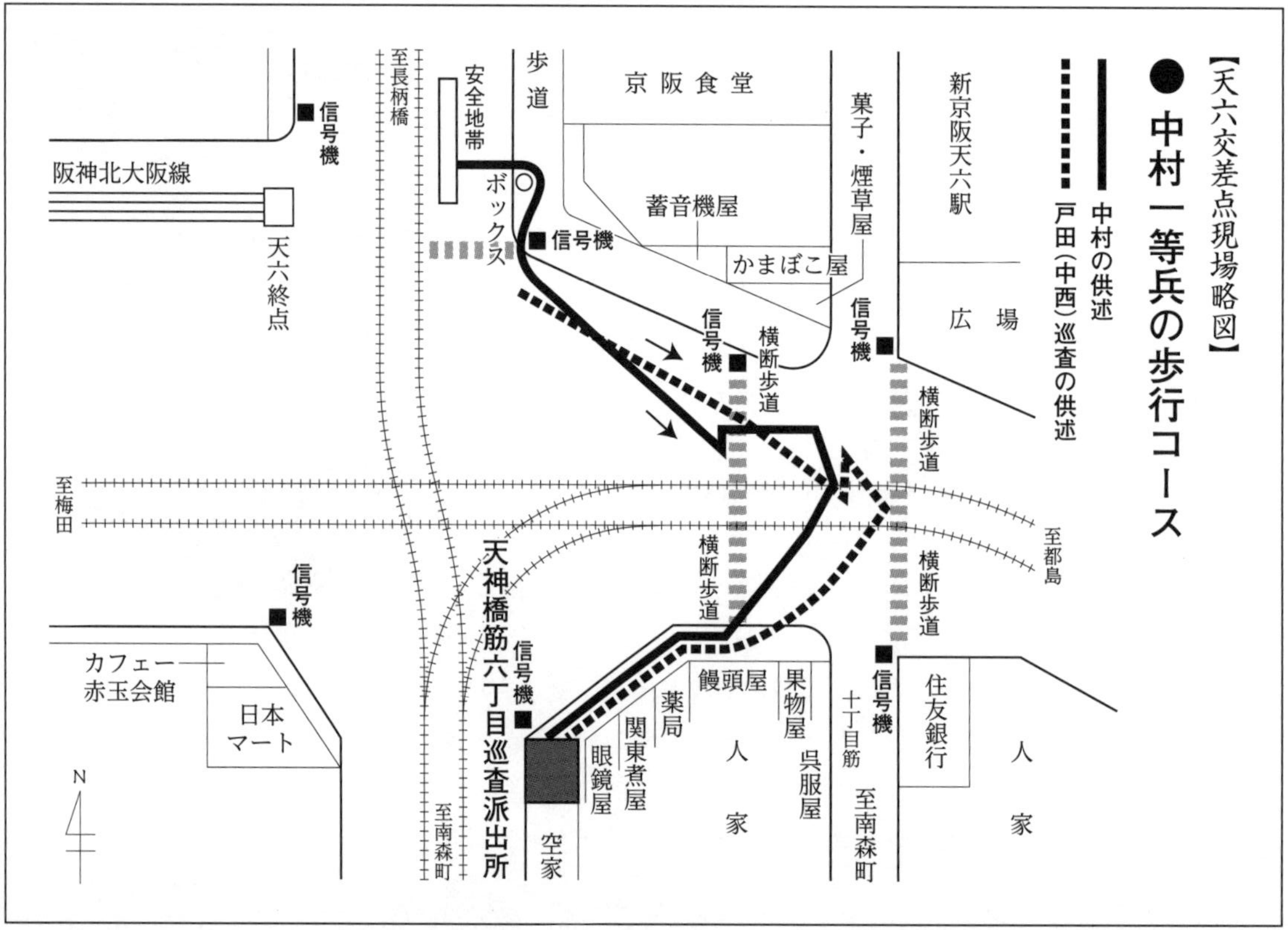
【天六交差点現場略図】
●中村一等兵の歩行コース
中村の供述
戸田(中西)巡査の供述
阪神北大阪線
天六終点
信号機
至長柄橋
安全地帯
ボックス
歩道
京阪食堂
蓄音機屋
かまぼこ屋
菓子・煙草屋
新京阪天六駅
広場
横断歩道
至梅田
至都島
天神橋筋六丁目巡査派出所
カフェー赤玉会館
日本マート
至南森町
空家
眼鏡屋
関東煮屋
薬局
饅頭屋
果物屋
呉服屋
人家
十丁目筋
住友銀行
N

大阪府警察練習所の山本修三教習科練習生の二人が、派出所を入ってすぐ左側に置かれた机に座って戸籍調査簿の点検作業をしていた。

戸田巡査は二人に「お邪魔します」と声をかけ、中村一等兵の背中を押すようにして派出所に入る。野次馬はすでに五十～六十人にまで増えている。野次馬のひとりは、戸田巡査、中村一等兵と一緒に派出所内にまで入ってきて「兵隊のことやさかい、そんなことぐらい堪忍してや」と言う。戸田巡査は「君は黙っておれ」と叱りつけ、中村一等兵を伴って奥の休憩所に入った。すぐに二人は大声で罵り合いを始め、ついには殴り合いになってしまった――。

これだけなら当時結構あった巡査と兵隊の偶発的な出来事に過ぎなかった。大阪では以前から軍人と交通巡査とのトラブルが頻発していたのだ。

たとえば大正十（一九二一）年九月、千日前で些細なことから警官と兵士が乱闘騒ぎを起こし、兵士側が負傷、警察と憲兵分隊がお互いに「そちらが悪い」と中傷合戦になった。また歩兵第三十七連隊の兵卒数名が夜、大阪南区新世界で暴行を働いたので近くの派出所の巡査が駆けつけて引致訓誡を加えたため帰営時間が大幅に遅れ、軍隊側が警察に抗議するという事件も起きた。

そこで当時の大阪府警察部長・藤沼庄平と同じく当時の大阪憲兵隊長・小山大佐が会談、「兵隊さんのことを一から十まで憲兵隊へ報告するのはきわめて無益だから、今後は重大問題だけにしようじゃないか」との申し合わせができた。その申し合わせに従って大正十年九月二十日、大阪府警察部長の名前で「市井ニ於ケル兵士ニ関スル警察事故措置ニ関スル件」と題する通達書を各警察本分署長宛に出した。

その中にこんな条項がある。

一、負傷者を出すか又は事犯罪を構成すと認められる場合その他重大なる警察事故を除くの外は、なるべく憲兵隊に通報せざるをもって穏当とす

一、兵士に関する警察事故は軍隊を尊重する意思により、一般民衆に対する警察権の行使の場合に比し、多少その取締に手加減を加うること

つまり、重大事件以外はなるべく憲兵隊には知らせるな、また警察権の行使に際しても軍人には手加減してやれ、という内容である。

憲兵が急行

それなのに今回の天六の事件では、野次馬のうちの誰かがおせっかいにもすぐ憲兵隊に通報してしまった。これが事件拡大の理由の一つである。

憲兵というのは明治十四（一八八二）年に設置された陸軍の軍事警察官。憲兵条例第一条には「凡そ憲兵は、陸軍兵科の一部に位し、巡按検察の事を掌り、軍人の非違を視察し、行政警察・司法警察の事を兼ね、内務、海軍、司法の四省に兼隷して国内の安寧を掌る。その戦時、若くは事変の際における服務の方法は別に之を定む」とあり、主に軍人の軍紀・風紀を取り締まるための組織だ。しかし、やがて思想取り締まりにも活動を広げ、先に触れた米騒動の際などは弾圧・取り締まりの先頭に立っ

たものだ。

この日、大阪憲兵隊大手前憲兵分隊の受付の電話が鳴り、当直の上等兵が受話器を取ったのは天六で事件が起きたおよそ十分後。通報してきたのは男性で、やや慌てた様子でこう言った。

「通りがかりの者《もん》やけど、いま天神橋十丁目近くの交番に一人の兵隊さんが連れ込まれ、お巡りさんにひどい目にあわされてます。すぐ行ってやってください。ではよろしくお願いします」

名前は名乗らず、公衆電話からの電話はこれだけで切れた。天神橋は八丁目までしかないが、天神橋の北詰がかつて天満十丁目という町名だったため天六交差点の東通りは「十丁目《じっちょめ》」、あるいは「十丁目筋」とも呼ばれていた。天神橋十丁目近くの交番というのは天六派出所のことだ。

当直上等兵はすぐ班長（特務曹長）に報告、班長は分隊長の平野少佐に通報の内容を伝え、平野少佐は「直ちに十丁目の交番に行って状況を見てくるように」と小西新三郎憲兵上等兵に命令した。

命令を受けた小西憲兵上等兵は「大憲5」と書かれたサイドカーに乗り込み、交差点脇にある天六派出所に急行した。派出所に入ると兵隊が一人、軍服の上着を帯革から抜き出しただらしない格好で歯を食いしばっている。よく見ると唇から血が出ている。三人の警官が兵隊に何か言っている。

「兵隊が何をしましたか?」と小西憲兵上等兵が尋ねると、警官の一人が「信号を無視して交通違反をやったのです」と答えた。また兵隊の乱れた服装を見て小西憲兵上等兵は「それだけですか?この服装はどうしたのですか?」と質問した。

警察官から事情を説明された小西憲兵上等兵は「憲兵が出ましたから、とにかく兵隊は引き取ります」とサイドカーに中村一等兵を乗せ、憲兵隊に戻った。

小西憲兵上等兵は帰隊後ただちに上司に報告、憲兵隊は中村一等兵の所属連隊（歩兵第八連隊）、および第四師団司令部に通報した。連隊から中隊長と中隊付准尉、さらに隊付軍医が駆けつけた。軍医の診断によると中村一等兵の左耳の鼓膜が破れており治療三週間、また口唇裂傷で治療一週間ということだった。手当ては衛戍《えいじゅ》病院で行うことになった。衛戍病院というのは各駐屯地に置かれた陸軍の病院である。

これを受けて同日午後二時過ぎ、憲兵隊の中村特高主任が府警察部重村交通課長に電話で厳重な抗議を行った。

交通巡査の陳述書

翌日の各新聞はこの事件を大きく取り上げた。六月十八日付『大阪毎日新聞』の見出しはこうだ。

「交通信号冒進の軍人を引致
交番、血の乱劇
憲兵隊から府へ警告
曾根崎署もまた憤慨す」

かなりセンセーショナルな見出しである。
次に記事を紹介する。

「十七日午前十一時半、大阪天六、京阪電車駅前の安全地帯から軌道を横切ろうとした第四師団歩兵第八連隊第六中隊一等兵中村政一君（二二）の背後から、『交通信号がわからぬか』といいながら突然同君を曾根崎署天六派出所へ連行した交通巡査があり、『交番所で散々同兵士を殴りつけていた』と憲兵隊に報告した通行人があったので、憲兵隊では大いに驚き、第四師団司令部へ電話

ゴーストップを繞つて啀合ひ
兵士と巡査が亂闘
派出所内で互に負傷す
新京阪前市電交叉點の騒ぎ
雙方の言ひ分
突然に警官が
襟首を掴む
憲兵隊側の調査
兵士から先に
警察側のはなし

事件を報じる当時の大阪朝日新聞

報告するとともに、中村特高主任は午後二時十五分、府に交通課長を訪い厳重警告を発したが、一方大手前憲兵分隊でも歩兵第八連隊および曾根崎署との間に立って折衝しているが、中村一等兵は衛戍病院で診察を受けた結果、口中の裂傷、耳下の擦過傷治療一週間および鼓膜破損治療約三週間で、治療が永びくと隊の教育が遅れるので、現役免除という関係もあり重大視されている。

〈難波憲兵隊長談〉交通信号を無視したという点は、軍人の方に悪いところもあるが、軍服を着ている者に対する警察官の態度としてははなはだ面白くないことである。軍人自身も『軍服を着ている』という深い責任感をもつとともに、警察官および一般の人々も軍服に対する相当の尊敬を払ってもらいたい。

〈曾根崎署側の話〉　天六交叉点で戸田忠夫巡査（二七）が交通整理中信号を無視して一軍人が横断せんとし制止したが聞き入れぬので天六派出所へ引致すると、『生意気だ』と同巡査の下顎に一撃をくわし上衣のボタンを引きちぎるなど乱暴をするので憲兵隊に急報、引き渡したが同巡査は下唇治療一週間の裂傷を負うている。

現在の曾根崎署

〈中村一等兵談〉　軌道を横断している時、後ろから三度ばかりどなる声がしましたが、三度目にはじめて自分のことだとわかったので、一度もとへ引き返し、改めてまた横断しようとしますと、突然背後から襟首をつかんで引き戻され、私が抗議すると、今度は胸倉をとって交番所へ連れ込み、私を突き飛ばしたので、思わず何をするかと、相手の巡査の胸をとった途端に、相手のボタンがとれたようです。するとまた生意気だと口のあたりや耳などを殴られ、憲兵隊から来て頂いてやっとおさまったのです。自分としては交通規則をウッカリ無視したことははなはだわるかったと思いますが、こんなにまでされなくともいいではないかと思います。

〈監察官の取調べ〉　警官と兵士の衝突事件につき、西川監察官は城尾警部とともに、午後十時、曾根崎署に至り戸田巡査を取り調べた」

曾根崎署から憲兵隊に連絡したとあるが、これは曾根崎署側の誤認で、通報したのは一般人である。この時点ではまだ大きな事件になろうとは誰も思っていなかった。それでも一般人同士のケンカではなく警官と兵隊の乱闘なので、警察も当日すぐきちんと戸田巡査や目撃者の事情聴取をしている。

以下は戸田忠夫巡査の陳述。いささか長いが、当事者の陳述書なので、ほぼ全文を紹介する。なお原文は送り仮名が片仮名となっており読みにくいので平仮名にして、また原文にはほとんど句点、読点がないので、適宜句点、読点を加えた。さらに戸田巡査と中村一等兵の会話の部分は、読みやすいよう改行してある。以下、各陳述書は『続・現代史資料 6 軍事警察』（みすず書房）に拠った。

《一、私は昭和五年七月一日大阪府巡査を拝命、同十月三十一日当署詰を命ぜられ、はじめは外勤をいたしておりましたが、昭和七年二月一日から交通係を命ぜられ、爾来大阪駅前桜橋交叉点、阪急前に勤務し本月十五日から天神橋筋六丁目交叉点の東通、通称十丁目筋交叉点に勤めております。

一、私は本日遅出の勤務（午前八時から午後六時まで）でありました。ちょうど事故のあったのは午前十一時から正午までの立番勤務の時であります。時間はたしか午前十一時半を過ぎておったと思いますが、私がさきに申しましたいわゆる十丁目筋の交叉点で北側の軌道の近くの車道で交通整理をしておりますと、少し向こうの天神橋筋六丁目交叉点の北側の方から北側の軌道と歩道との中間の車道を東の方（私の勤務している交叉点の方）へ制服の軍人がぽつぽつ歩いてきましたので、私は整理上困ると思いましたからすぐ「メガホン」で、

「車道を歩いてはいかん、歩道を歩け」

と大声に叫んで左手で合図をしました。その時は軍人は私の西方二、三間の所まで来ておりまし

たので、恐らく私の注意が聞えないはずはなかったと思いますが、少しも頓着することなく、今度は軌道を東南の方へ斜めに横切るように歩きましたので、私はたまりかね、

「君、さっきからあれほど注意しているのに分らんか。一般の人が皆止っているのに、君だけ通るということがあるか」

とたしなめますと、

「巡査のなりしやがって生意気なことぬかすな」

といいますので、

「なんということを言うんだ」

と注意しましたところ、

「なんだい、僕らの取締は憲兵がするんだ。お前の言うことを聞けるかい」

といい、なおも通り抜けようといたしますのでたまりかね、

「君、待て」

と叫びますと、

「なんだい」と言って私の方へ少し戻ってきましたので、

「君、言うても分らんのやったら交番所へ行け」

といいますと、

「そんな所へ行く必要はない」

と言って行きかけるので私は、

「交番所へ来い」

といってその軍人の肩の後ろの方へちょっと手をかけて交番所の方へ押して行きますと、軍人は、

「そんなところへ手をかけるない。体裁が悪いわい」

と言いますので歩道に上がってから手を放し天六の派出所へ連行いたしました。

その時派出所の少し手前のところへ来たとき軍人は服の前の釦《ボタン》をぼつぼつ外し、帯剣も前の方を外し脇下の吊釦だけブラブラ下げておりました。何のために前の釦や帯剣の「ビジョウ」を外したかは私には分りません。しかしただいまお尋ねのように、兵隊の胸のところを引っ張ったために釦が外れたなどという事は全然なく、本人が釦を外したに相違ありませぬ》

派出所内の乱闘

途中だが、ここで当時の交通信号機について触れておく。

大正の中頃から昭和初期にかけ、交通信号機はまだ未発達で、交通整理は巡査の挙手による合図や「信号標板」によって行われていた。自動交通信号に切り替わるのは昭和五年頃からで、全国で最初に設置されたのは東京の日比谷交差点だった。

警察庁のホームページを見ると、当初、電車以外の通行者は色灯による交通信号を理解せず、なかなか信号に従わない状況だったため、交差点の四角に警察官を配置して周知に努め、さらに青灯に「ススメ」、黄灯に「チウイ」、赤灯に「トマレ」と書くなどして指導したと書かれている。ちなみに戦前は内務省令で交通取締りを行っており、この省令には「青は進め」「赤は止れ」という明確なルール

は書いてなかった。明文化され「青は進め」「赤は止れ」となったのは昭和二十二（一九四七）年一月一日施行の「道路交通取締法」（第三条第四項）からだ。また「ゴー・ストップ」というのは交通信号機のハイカラな呼び方だ。

　大阪ではこの事件当時、阪急前やここ天六など、混雑の激しい二十五の交差点でようやく自動交通信号機が導入されたばかりだった。通行人全員が信号を守るまでにはまだ至っておらず、もし事故が起きれば交通整理の巡査の責任が問われかねない。交通量が多いうえにこの暑さで、戸田巡査はごく忙しく仕事をこなしていたようだ。また陳述書にあるように、同巡査の勤務先は大阪駅前、阪急前が中心で、二日前から天六で仕事をしていたのは同僚が急に欠勤したためである。つまり慣れてもおらず、よけい神経が張りつめていたのかもしれない。同巡査の陳述に戻る。

《一、派出所へ来ますと、公廨（こうかい。くがいとも。役所の建物のことで、この場合は公務を行う部屋）には巡査が二人おりましたので、「お邪魔します」と言って軍人と一緒に同所休憩室に入りました。つまり公廨におりますと民衆がたくさん集まって来ますので休憩室の水道の側で説諭をするつもりで入ったのであります。その時軍人を先に入れて私が次に入り、入り口の扉を閉めて軍人の方を向くや否や、

「何用事があるんだ」

と言っていきなり拳で私の顎を突き上げましたので、私は

「何をするんだ」と言ってその軍人の上衣の胸のところを左手で握って牽制の意味で右手を少し

かがめて頬のところを一つ殴りました。

するとその軍人も私の胸のところを握り、

「何を生意気な事さらすんだ」

と言って強く前後に振りましたので、私の上衣の第二釦のつけてある部分が千切れてこの通りになり（この時、戸田巡査の示したる部分を見るに、釦は裏に針金の環をもってとめあり、第二釦のあとは環共に抜けたる如き穴ありたり）、左手の袖章もこの通り（袖を示す）どこかへ飛んでしまいました。そんな具合であまり相手が乱暴を働きますので、私も堪えかね、おとなしくしていれば益々乱暴するし、牽制の意味で一つ頬のところを右手で殴りました。すると軍人は私を後ろの方へ突きやりましたので二人の間は少し離れました。そこで私は軍人に向かって
「勤務中で、冗談で注意しているのでないぞ」

と言いますと軍人も
「こんな小さい事にやかましく言わんでもいいじゃないか云々」

と言いましたから
「小さい事でもなく、規則は誰でも守らねばならんじゃないか」

と言って二、三の押し問答をするうち、軍人も幾分か冷静に返ったようでありました。

ちょうどその時、高井巡査が休憩室へ入ってきて話を聞き、その軍人に向かって、軍人といえども規則は守ってもらわねばならんということをよく話して聞かせておりましたが、私は横に立って一時任せておりました。

高井巡査の説諭でだいぶ冷静に返り、しまいには「僕が悪かった。今後は注意するから」と詫びておりましたので、ちょうど説諭も略略終わり、私も勤務につかねばならぬと思いましたので軍人に向かい「もうわかったから帰りたまえ」と言って勤務に就くため外に出ようといたしました。

その時、高井巡査が軍人を呼び止め「君がさきほどからの話で悪い事もわかっているはずだから、帰るならお辞儀の一つでもして帰ったらどうか」と言っておりました。

すると派出所の公廨へ制服の憲兵上等兵が一人来られて「どうしたんですか」と聞かれましたので、先ほどからの話を委《くわ》しくしますと、憲兵はその軍人に向き「何という事をするのか」と言ってたしなめておりました。

そして

「それではこの軍人は私が連れて行きますから」

と軍人を連れて出て行こうとしましたところ、高井巡査が憲兵を呼び止め、

「ちょっとお話ししたい事があるから」

と言って軍人を公廨に残し二人で休憩室に入り約七、八分間たった後、二人とも出てきました。そして憲兵がその軍人を連れて行かれたのであります。高井巡査と憲兵と休憩室に入っていた時、私は派出所の前に出ておりましたので、どんな話があったか、少しも知りません。

申し忘れましたが、私が最初派出所の休憩室でいろいろと話をした後でその軍人の名前を聞きますと、

「お前らに名前を言う必要はない」

と言って名前を言ってくれませんので、別に名前を聞かずにおりました。また憲兵の名前も聞いておりません。憲兵が軍人を連れて行かれたのは午後一時ちょっと前位であったと思います。
一、私は最初休憩室に入った直後に顎を拳骨で突き上げられた時に受けた傷で下唇の内側が痛んで仕方ありませんでしたから、午後一時四十分頃、交通部長に事故の概略を電話で報告し、許可を得て梅田病院に行き診断を受けましたところ、治療一週間を要する旨診断せられ、診断書をもらって帰りました。その診断書は交通部長のもとまで差し出してあります。
一、以上のような次第で、私の致しました行動につき、どういう風にお取りになっているかは知りませんが、私の取った行動には大した遺憾の点はないものと思っています。しかし、あんな事故があったにもかかわらずすぐ上司にも報告せず、かつ防衛のためであったとはいえ、相手を二回殴ったことについては遺憾に思っている次第であります。
私が前に勤務しておりました阪急前でも、よく軍人が私らの整理を無視して通行することがありましたので、実は困っておりました。しかしあんな乱暴な軍人はあまり見受けたことはありませぬ。なにとぞよろしくお願いいたします。

陳述者　戸田忠夫》

天六派出所の休憩室で高井巡査と憲兵が何を話したか知らない、と戸田巡査が述べているが、これについては当の高井巡査がこう陳述している。

《……憲兵は軍人に対し、君は何をしたのかと尋ねました。これに対し軍人は、ただここに連れられてきて巡査に殴られたと答えております。これを聞いていた戸田巡査は、そんな馬鹿なことがあるか、君が先に俺の胸倉を取ってつかみかかってきたではないかと水掛け論になりまして果てしがないので、私は憲兵を休憩室に呼び入れ、とにかくこの軍人が交通違反をしたことは事実と認められるが、軍人の方は軍人に対し一般人同様の取扱いを受けぬという頭があるからかような次第になったのだが、しかし問題はすでに解決しているのだから、貴方がそのことを含んで然るべく取扱って下さいと申しましたら、憲兵は私の言うことをよく理解し、上司の命令もあることだから一応連れて帰るといって連れて帰りました》

目撃者の証言

ところで戸田巡査が自ら述べているように、彼が大阪府巡査を拝命したのは昭和五年七月一日だが、実はその前の昭和三年一月から昭和五年一月まで陸軍奈良歩兵第三十八連隊第三中隊に在営していた。軍務成績は勤務甲、学科甲、教練甲下、射撃乙、剣術甲、体操甲、歩哨甲下、斥候適、伝令適、行軍強など、全般に優秀で、戦後（昭和三十七年）になって和田良平・元大阪地裁検事局検事正（ゴー・ストップ事件解決に奔走した人物。詳しくは後述）は「新聞にも書かれていなかったことだが、戸田巡査の階級は下士官だった」と回顧している。下士官というのは士官や准仕官と兵卒の間に位置する軍人で、戸田巡査は優秀なら入隊から最短一年でも昇進可能な伍長だったと思われる。もちろん一等兵より上だから、中村一等兵の言動にはカチンときたに違いない。恐らく、このことも両名のケンカの一因だった。「一等兵が何を生意気な」というわけである。

警察はさらに天六の饅頭屋で店番をしていた十五歳の亀田里子にも曾根崎警察署で事情を聞いている。

「二葉《ふたば》」というこの饅頭屋は天六交差点の南側にあり、薬局、関東煮屋（おでん屋）、眼鏡屋を挟んだ並びに天六派出所がある。亀田里子の証言の要旨はこうだ。

〈六月十七日午前十一時四十分頃、表で店番をしながら十丁目筋の北側の停止線のところで交通整理をしている巡査を見ていると、そこに交差点の方から東行き車道を一人の兵隊さんが車と一緒に歩いてきました。巡査は「車道を通ってはいけない」と二、三回注意したのにもかかわらず、その兵隊さんは聞えなかったのか巡査の前を知らん顔で新京阪の前まで行き、南側の信号が赤なのに南側へ横断しようとしましたので、巡査がまた注意しました。それなのに、その時も知らん顔で横断しているので、巡査は走っていって兵隊さんの背中をつかみ、「なぜ車道を通ったり信号を守らないのか」と注意しました。兵隊さんの声はよく聞き取れませんでしたが、何か文句を言っていたようでした。

それから兵隊さんは巡査の手を振り切って逃げようとしたので、巡査は「なぜ逃げるのか」と言って胸倉をつかむと、兵隊さんは「何をする」と巡査の手を払おうとしたので兵隊さんの上衣のボタンが全部外れました。兵隊さんは「逃げないからボタンをはめさせてくれ」と言っていましたが、巡査は手を離しません。さらにもう一度兵隊さんが「逃げないからボタンをはめさせてくれ」といったので、巡査は胸倉から手を放しそのまま兵隊さんを連れて交番所に行ったのです。その途中で兵隊さんはボタンをはめていました。

私はどうなるのかと思って交番所の前までついて行きましたところ、巡査は兵隊さんを先に交番所の中に入れ、さらに奥の方に入って行きました。そのとき交番所には二人の巡査がおられました。交通巡査は交番所にいた二人に「言うことを聞かないから連れてきた」と言っていました。

私はお店が気になるので帰りましたが、二、三分してからまた交番所に見に行きました。その時は巡査と兵隊さんは言い合いをしていましたが、間もなく巡査は休憩室の方へ「もう済んだからいいじゃないか」と言って入っていきました。

その後兵隊さんは、長い剣の兵隊さんに連れられて帰られました。巡査と兵隊さんが殴り合いをしたのは知りません〉

長い剣の兵隊さんというのは憲兵のことである。この証言のあと、亀田里子は憲兵隊にも目撃した事実について聴取された。巡査が兵隊を殴った様子を本当に見ていないのか、警察の誘導尋問はなかったのかなど、かなりしつこく質問された。軍と警察は、お互いに有利な情報を見つけようと、さらにそれぞれが亀田里子を質問責めにしたので、彼女は最後にはしくしく泣くばかりで、それ以上の質問には答えられなくなった。

もう一人、警察が陳述書を取ったのが工務店店員の高田善兵衛。こちらの事情聴取は曾根崎警察署ではなく、高田善兵衛の住居に近い吹田警察署で行われた。日付は六月十八日である。最初憲兵隊に連絡したのはこの高田善兵衛ではないかとも思われたのだが、そうではないことがこの証言でわかる。以下、府下三島郡吹田町見方、高田善兵衛の証言の要旨。

〈私は農業をしている傍ら、同町の土木建築請負・納谷工務店のいわゆる番頭をしています。農業をしている時は三島郡岸部村・高田松太郎方にいます。実父です。

私は昨日、店の用事で渡辺橋の朝日ビル四階日本建築協会へ行こうと吹田から京阪電車に乗り、午前十一時すぎ頃天六駅で降りました。そして十丁目筋の交差点を南側に渡ったとき、多勢の人ががやがや騒いでいるのでひょっと後ろを見ますと、南側の車道を天六の交番所の方へ一人の交通巡査が兵隊さんの左の襟をつかんで引っ張って行きました。兵隊さんは「そこを引っ張らんでも行くやないか」と言っていましたが巡査はすぐに放さないので、たとえ兵隊さんが交通違反をしたのであっても、制服を着ている軍人にあんなことをしなくてもいいではないかと思い、私はその巡査に「そこを放してやりなさい。ついて行くと言っているのだから、そうせんとあんたの人格も下がるし軍人もかわいそうやから」と言うと、巡査は「お前らの知ることではない。引っ込んでおれ」とケンモホロロの挨拶でした。

私は仕方なくしばらく様子を見、これからどういうことになるかと思って多勢の人たちの後をついて行きました。交番所の前に着いたときは巡査も兵隊さんも中に入っており、扉が閉まっていました。私は兵隊さんがかわいそうだと思い、どうしているか見てみようと交番所の横に回ってみましたが、すでに多勢の人が板のドアの隙間から休憩室を覗いて「こら、交通違反ぐらいで兵隊をどつくということがあるか。事故がなかったらそれでええやないか」と口々に叫んでいたので私は見ることができず、再び派出所の表に回りました。

すると派出所の入り口のところに「習」の腕章をつけた巡査が一人、椅子に腰掛けて何か事務のようなことをしていましたので、私は要らぬことではありますが、兵隊さんが心配でその巡査に「あんたから謝って帰してやっておくんなはれ」と言うと、巡査は黙って笑っていました。

三、四十分ほど経った頃、憲兵が交番所に入って行きましたので、私も兵隊をなんとか堪忍してやってもらおうと憲兵の少し後から交番所の休憩室に入りました。その時は兵隊さんはいちばん奥の方に立っており、入口の扉の近くに憲兵と交通巡査が向き合って立っていました。兵隊が交通規則に違反したから連行したことなどを交通巡査が憲兵に話すと、憲兵は「こんなに殴打する前に一応私らの方へ知らせてもらえばよかったと思うが、とにかく調べてみたいから兵は自分が連れて帰りますから」と表の間に出ましたので、私も出ました。その際、兵隊の口の上の方にちょっと血がにじんでいるのを見ました。

すると、多分そこの巡査だと思われる警官が憲兵を呼び止めて二人で休憩室の中に入って行きました。どんな具合であったか、私にはわかりませんでしたが、しばらくしてから憲兵は兵隊を連れて出て行かれました。

ただいまお尋ねになりましたが、その兵隊さんは同じ吹田町の人だそうです。私は偶然出会っただけで、どこの何という人であるか、ちっとも知りませんでした。今朝新聞を見て初めて兵隊さんも吹田町の人だったことを知りました。これは決して嘘ではありません。

私は最初から兵隊さんに傷（精神的の意味）がつかぬよう、また巡査も間違いをせぬようにと思って、少し出過ぎたように思われるかもしれませんが、いろいろ話をしました。あんなに騒ぎが大きくなったのは予想外で、いまでは兵隊さんも巡査もかわいそうだと思っています。

私は事故を憲兵に知らせると兵隊さんの方がただでは済まぬようになることはわかっていたので、もちろん憲兵隊に電話するようなことはしていません。いま考えると、最初は兵隊が悪かったように思いますが、巡査のやったことも少し手荒かったように思います〉

双方の上司不在

高田善兵衛がこう陳述した翌日の六月十九日、憲兵隊からの報告を子細に検討していた第四師団では早朝七時から歩兵第八連隊の山村副官、時任第六中隊長、それに中村一等兵の三人を事件現場の天六交差点に集めて現場検証を行い、中村一等兵の信号無視は故意ではないことが明らかになったとして、特段の処分は科さないことにした。もし警察のほうが罰則に照らして処分するというなら潔くこれを受けるが、戸田巡査の行為は明らかな暴行傷害なので、この点については厳しく抗議して警察の公平な処置を求めるという。

第四師団というのは歩兵第七旅団（大阪）、歩兵第三十二旅団（和歌山）、騎兵第四連隊（大阪）、野砲兵第四連隊（信太山）、深山重砲兵連隊（和歌山）、工兵第四大隊（高槻）、輜重兵第四大隊（大阪）から成る別名・大阪師団。歩兵第七旅団には歩兵第八連隊（大阪）、歩兵第七〇連隊（篠山）が、歩兵第三十二旅団には歩兵第三十七連隊（大阪）、歩兵第六十一連隊（和歌山）がそれぞれ所属していた（昭

大阪城内にあった第四師団司令部

和八年当時＝平時編成）。師団本部は大坂城内にあり、「三府の一に位して　商業繁華の大阪市　豊太閤の築きたる　城に師団は置かれたり」と鉄道唱歌に唱われている。前身は明治時代の大阪鎮台だ。

　また中村一等兵が所属する歩兵第八連隊は第四師団の中核をなす歩兵隊で、「またも負けたか八連隊、それでは勲章九《く》連隊、敵の台場が十《と》連隊」という俗謡で有名。かつて九連隊は滋賀県大津市に、十連隊は兵庫県姫路市に兵営が置かれていた。

　しかしこれは単なる語呂合わせで、八連隊が負け続けたという事実はないし、それどころか西南戦争時の奮戦ぶりはすさまじく、明治天皇からお褒めのお言葉をいただいたほどだ。

　話を第四師団に戻すと、師団長は寺内寿一《ひさいち》中将、参謀長は井関隆昌大佐だが、師団長の補佐役でこうした問題に対処するべき井関参謀長は一泊の予定で友ヶ島（和歌山沖）に釣りに行っていて、あいにく留守だった。寺内寿一中将、井関隆昌大佐についてはまたあとで詳述する。

　一方、曾根崎警察署の高柳博人署長もお忍びで岐阜・長良川の鵜飼の見物に出かけていて、こちらも不在。事件の当事者二人の上司が共にいなかったため、話し合いの機会が失われ、ことに第四師団の井関参謀長は魚釣り旅行から帰ってきて報告を受け、「警察はけしからん」といきり立った。

　その二日後の六月二十一日、こんどは大阪憲兵隊の難波光造隊長名で大阪第四師団司令官など関係先に宛てた報告書を提出した。発送先は第四師団司令官、参謀長、歩兵第七旅団。電話連絡は別にして、憲兵隊が関係先に書面による正式報告書を出したのはこれが初めてだ。内容は以下のとおり。これも送り仮名を片仮名から平仮名に直している。

大憲警一七二号

現役軍人警察官より暴行を受けたる件報告（通牒）

（六月十七日要旨電話報告済）

要旨

《歩八、六中隊歩兵一等兵中村正一（注・正しくは政一）は六月十七日午前十一時半頃単独外出中、北区天神橋六丁目京阪電車駅前交叉点において停止信号に心づかず道路を踏み切らんとして交通整理中の曾根崎署詰戸田巡査に咎められたるが、その際戸田巡査は中村一等兵を交番に連行、暴行を加え口腔及左耳鼓膜等に傷害を加えたる事件あり。

憲兵は地方人よりの電話申告によりて本件を知り、中村一等兵引渡を受け衛戍病院にて診断治療を受けしめ、証人その他につき事実の真相を調査するとともに部隊及警察側と連絡、軍人の名誉と威信保持に善処しつつあり。

状況左記報告（通牒）す

・**被害者**

本籍　大阪市東淀川区長柄中通三丁目三十七番地
所属　歩兵第八連隊第六中隊
歩兵一等兵　中村正一（当二三年）

・加害者

曾根崎警察署詰
巡査（予備役一等兵）　戸田忠夫（当二七年）

・事件発生の状況

中村一等兵は六月十七日日曜日（注・正しくは土曜日）、代日休暇にて外出を許可せられ午前八時頃大阪市東淀川区小松町なる実家に帰省し家事の手伝いを為し、同日午前十一時ごろ自宅を出て大阪市内新世界に至る途中大阪市北区市電天神橋六丁目停留所にて南行き電車を待ちいたり。

然るに数分後交叉点の東西線より都島車庫発堺筋難波行きの電車進行し来り、これに乗車せんと交通整理信号機の標示に気付かず交叉点東方の電車線路を横断せんとして南進したる際同所に勤務中なりし交通巡査曽根崎警察署詰戸田忠夫はこれを制止せんとして「おいおい」と二、三回怒号したり。よって該巡査の制止は自分に対するものなることを感付き中村一等兵は直ちに約一米後退し、線路北側に出て数米東進したるに東西に進行する人馬車両等の交通まったく途絶したるを認め、再び南進し線路を横断せんと軌道上に差し掛かりし際、戸田巡査は不意に中村一等兵の後方より右手をもって襟元をつかみ二、三回問答の末交番所に連行せんとし、中村一等兵は従順に応じたるにもかかわらず戸田巡査はさらに中村の襟章の部位第一釦の個所を捕らえ引き立つるをもって、中村は離せと二、三回告げたも肯んぜずその間上衣釦、「ホック」はことごとく外れたり。この時中村は逃げも隠れもせぬから離せと頼み込みたるも巡査は聞き入れず、当時これを実見せし常人が見かねし兵隊は逃げも隠れもせぬと言うをもって離されたらよいと告げたるに対し、放っておけと叱り、次いで中村の左手を握り同所より東方約六十米にある巡査派出所に引致したり。当時派出所付近には三四十名の群衆蝟集し中村一等兵に声援するもの等ありしより、戸田巡査は興奮の状態にて所属氏名等を取調べることなく更に叱責せるより中村は首筋まで摑まぬともよいではないか、取調べるならば兵隊は憲兵の世話になると言い返したるより巡査はますます立腹し、生意気を言うなと中村の胸部を右手にて激突し中村はこれを防がんと巡査を右手にて押し返したるところ、巡査は抵抗するかとて右拳をもって中村の左頬口辺三、四回強打、更に右手掌をもって中村の左耳部を殴打したり。この時中村は口中より出血し耳鳴りを起こし聴力に故障を訴えたるも、同巡査はなおも問責しその場に入り来たる他の巡査二名と共にこもごも怒号し、続けいたる場所に憲兵臨場し、中村一等兵の引渡を受けて連行し受診手当を受けしめたるものなり》

怒る第四師団

報告書にある「地方人」というのは一般市民のことである。中村一等兵の名前・年齢（正しくは二十二歳）を間違えたり、事件の日の曜日を間違っていたり、けっこう杜撰な報告書だ。報告書はさらにこのあと「中村一等兵の受診状況」、「戸田巡査の申立及警察側主張要旨」と続く。しかしこの部分は事件翌日の新聞記事（既述）、また先に引用した陳述書のとおりなので割愛する。憲兵隊の報告書はさらにこう述べる。目撃者の供述部分（申立要旨）だけ紹介する。

　本件につき憲兵は公正なる見地より捜査を進めつつあるが、現場を目撃したる左記証人の供述は戸田巡査の申立及警察側の主張を覆すものあり。

　左記

《証人取調べの状況

大阪府三島郡吹田町見歳町　工務店店員　高田善兵衛

右申立要旨

　六月十七日、大阪市北区天神橋筋六丁目にて交通巡査が八連隊の兵に暴行するのを見ましたが、当時巡査は大声で何か言い兵の胸元を捕らえて引き立てたので自分は癪にさわり、「おい、この兵隊さんは別に反抗もせずに行くと言うのに、そのようなみっともないことをするな」と告《つげ》たところ、巡査は「放っておけ」と叱りながら引き立てた。その時兵は「引張らなくともおとなしく行くじゃないか」と抗議したが聞き入れず交番所の奥に連れ込んで扉を閉め、仕方ないので外から窺いてみると、巡査が大声を出してパチパチと兵隊を殴打する音を聞いた。その時付近には五六十人の者が集まり、中には交番の窓から中を覗き、口々に兵隊が殴られていると言い合っている。そうしているうちに憲兵が来たので、自分はこの際と思い憲兵について交番所の中に入ったところ、兵は頬を赤く腫らしていた。その時巡査は憲兵の問いに対し「殴っていない」と申し立てたので、私は思わず「言葉を慎め」と言い、巡査と口論になったほどでした。なおその時巡査の顔やその他に何ら負傷しておらずまた兵はおとなしく、終始抵抗しませんでした。

大阪市北区角田町八番地　市電転轍手　山田為治郎

自分は六月十七日、大阪市北区天神橋筋六丁目交叉点にて転轍勤務中、自分のいた所より一間ほど離れた車道にて巡査が八連隊の兵の襟首を摑んで引き立てて行くのを見ました。兵隊は「そんなことをしなくとも行くから離してくれ」と言ったのですが巡査は聞き入れず、そのまま交番所に引き立てて行きました。その時兵は酒に酔っている感じはまったくなく、また抵抗もしていません。自分は仕事中だったので交番所に入った後の状況は詳しく知りません。

以上、証人の供述及被害者中村一等兵の申述ならびにその場に臨みたる憲兵上等兵小西新三郎の証言により、警察側の主張はその要点において事実相違するところあり》

事実と相違する点として憲兵隊が挙げたのは次の五点。

①戸田巡査は中村一等兵が交通信号を無視したというが、無視したのではなく気がつかなかっただけである。

②戸田巡査は中村一等兵が先に殴りかかって職務執行を妨害したというが、巡査を殴った事実はない。

③戸田巡査は警察側上司に対し「中村一等兵は当時酩酊していた」と主張していたが、憲兵側で挙証反駁したためその主張を取り下げた。

④戸田巡査は中村一等兵から暴行を加えられ右上唇のあたりに全治一週間のケガを負ったというが、憲兵が質問した際には自分のケガについてはなんら言及がなかった。

⑤中村一等兵は派出所に連行されるまで何ら抵抗しなかったのは複数の目撃者が証言しているし、そもそも戸田巡査のほかに二人の制服巡査がいたのに中村一等兵が戸田巡査に暴行を加えられるわけがない。

以上を示したのち、報告書はこう言う。

《軍部側の将来採らんとする処置

本件は単に一兵隊と一巡査の問題ではなく、軍服を着用している現役軍人に対する警察官の不法暴行事件であり、皇軍の威信に関わる重大問題である。軍部は憲兵隊と協力して事件の真相把握に努め、調査の完了を待って断固たる態度で地方官憲の責任を糾弾して将来この種の事件が起きないようにするつもりである》

報告者の難波光造・大阪憲兵隊長は明治十八（一八八五）年広島県生まれの当時四十八歳。陸士（陸軍士官学校）十六期だ。昭和六（一九三一）年三月十六日から昭和七年六月七日までは東京憲兵隊長をつとめており、昭和七（一九三二）年の五・一五事件（海軍青年将校が指導したクーデター事件。犬養毅首相が射殺され、政党内閣制に終止符が打たれた）では譴責処分を受けている。そのあと大阪憲兵隊長に就任、ゴー・ストップ事件が起きた昭和八年三月に少将になったばかりだった。のち昭和九年からは朝鮮練兵隊司令官。

難波憲兵隊長はもともとこの事件を大げさにするつもりはなかった。実際、それほど目くじらを立てる事件ではない。事件直後の新聞インタビューで「交通信号を無視したという点は軍人の方に悪いところもある」とコメントしたのはその表れだ。しかし第四師団側の怒りがあまりに強いので、それに引きずられる形で「中村一等兵には悪いところはなく、警察官の不法暴行行為である」「皇軍の威信に関わる重大事件だ」などと強い調子の報告書を作ったものと思われる。

この報告書に我が意を得たりと、翌六月二十二日、軍部（第四師団）は警察への攻撃を強め、事件は一気にエスカレートすることになる。

第二章　拡大

警察への挑戦状

六月二十二日の軍と警察の攻防は、まず軍部側から火蓋が切られた。第四師団の井関隆昌参謀長が午前十時半から緊急記者会見を開いたのである。

何事か、と色めき立つ新聞記者たちを前に、井関参謀長は、

「記者諸君に集まってもらったのはほかでもない、十七日に天六で起きた軍服を着た現役軍人に対する警察官の暴行事件の真相がわかったので、発表させていただく」

と切り出した。そしてこう続けた。

「本事件は単に一兵対一巡査の間に起こった街頭の偶発的問題ではなく、皇軍の威信に関する重大問題であり、師団としてはすでに陸軍省へも事件発生の十七日来三回の報告書を出し、解決の具体案についてもだいたい決定しているが、まだ発表の時期ではない」

次いで井関参謀長は「事件の真相」なるものを読み上げた。内容は次のようなものだった。

「被害者である歩兵第八連隊の中村一等兵は東淀川区小松町の寿司屋・政吉（五四）の長男で、七

歳のとき実母に死別、継母たまさん（四七）の手で育てられたが、貧困で小学校にさえ通学できず十一歳から十四歳まで京都の魚屋に奉公、その後帰宅し家業に従事していたもので、恵まれぬ家庭に育ってきた。しかし性格は温順で品行もよく、入隊後は軍務に精勤して隊の成績も非常によい模範兵。酒は一滴も飲まず当日も慰労休暇の半日を帰宅して家業の手伝いをし、午後新世界方面の活動見物に行く途中、天六交叉点で不注意にも交通標示機に気付かず曾根崎署交通巡査戸田忠夫（二七）の前を通って都島方面から来た堺筋難波行きの電車に乗ろうと北から南へ市電軌道を横断しようとした」

「すると戸田巡査が怒鳴るのでいったん後ろに戻り、改めて横断しようとしたところ背後から襟首をつかまれて引きずり戻され、中村一等兵が従順に交番所に連行されることを誓ったにもかかわらず胸倉や腕をつかんでこれを引き立て、衆人の面前で侮辱を加えたうえ天六派出所内の土間で詰問のうえ右鉄拳で左上唇を三、四回殴打、さらに左掌で左頬及び左耳あたりを強打したため口腔内と上唇部に裂傷を、さらに左耳の鼓膜に二カ所の傷を与え、鼓膜の傷は治療約一カ月を要するが将来全治の見込みは保証されず、もっか連隊では第三期の訓練中で近く大隊教練の検閲を控え、この不慮の厄災に遭った中村一等兵には非常に同情すべきものがある」

井関参謀長は戸田巡査の暴行がいかに激しいものだったかを強調したうえで「解決についての重要点」として以下の七点を挙げた。

- 中村一等兵は故意に信号を無視したのではなく不注意によるものだった。
- 交通巡査から逃げようとしたことはない。
- 巡査への抵抗はいっさいしていない。

- 酒もまったく飲んでいない。
- 派出所に連行された際、兵士側から手を出したことは絶対にない。
- 憲兵隊への通報は警官の不法暴行を見かねた一般人によるもので、現役軍人に違法行為があるならば警察側がすぐ憲兵隊に連絡して引き渡すのが原則なのに、これを警察側が守らなかったのは遺憾である。
- 戸田巡査が右上唇部に全治約一週間の負傷を負ったというのは師団の調査範囲外のことだが、当時小野（注・正しくは小西）憲兵上等兵が派出所に赴いた際、同巡査は兵士が負傷していることは認めたものの、自分が兵士に殴られたとかケガを負わされたとは一言も語っていない。

以上は六月二十三日付『大阪毎日新聞』夕刊（当時の夕刊は翌日の日付になっていた）に拠った。要するに警察の見解に対する完全否定である。事態はいよいよきな臭くなってきたのだが、ここで記者会見を行った井関隆昌参謀長（大佐）のことを少し紹介しておく。

井関隆昌は広島県出身、明治十九（一八八六）年生まれの軍人。陸軍士官学校（十八期）では山下奉文（のち大将。敗戦後「バターン死の行進」の責任を問われマニラで処刑）、阿南惟幾（のち大将。敗戦の日に自決）、山脇正隆（のち大将。敗戦後戦犯に指名されたが、昭和二十六年に解除）、大島浩（のち中将。極東裁判でA級戦犯に指名され終身刑に。昭和三十年に減刑され出獄）などと同期だ。

陸軍大学（二十六期）では陸士の同期でもある山脇正隆、安藤利吉（のち大将。昭和二十一年、戦犯として上海監獄に収容中自決）らと同期。陸大二十六期では山脇正隆が首席で、井関は五人いた「優等」

のひとりだった。

陸大卒業後、砲兵少尉、国際連盟陸軍代表随員などを経て第四師団参謀長に就任したのは昭和七（一九三二）年二月六日。四十六歳のときだ。昭和九年、久留米の第十二師団野戦重砲兵第二旅団長のとき少将に。陸軍中将になるのは昭和十二年で、翌昭和十三年には土肥原賢二中将（敗戦後の昭和二十三年、A級戦犯として処刑）の後を受けて第十四師団（宇都宮）長になっている。学校の成績はよかったが、融通の利かない頑固者というのが大方の評価だ。

この井関参謀長、実は同じ六月二十二日、十時半からの記者会見に先だって大阪府の粟屋仙吉警察部長宛に次のような正式公文書を送りつけている。

井関隆昌第四師団参謀長

《第四師団副戍第一八二号
警察官吏不法暴行に関する件照会
昭和八年六月二十二日　第四師団参謀長　井関隆昌
大阪府警察部長　粟屋仙吉殿
去る六月十七日大阪市北区天神橋六丁目において歩兵第八連隊第六中隊陸軍歩兵一等兵中村政一が曾根崎警察署詰交通巡査戸田忠夫の不法暴行により治療約一カ月を要する傷害を受けたる件に関し、大阪憲兵隊及歩兵第八連隊において調査せる結果を総合せる別冊調査を送付す。
本件は一兵対一巡査の街頭における単なる偶発事件にあらず、軍服を着用せる現役軍人に対する警察官吏の不法暴行事件にして、皇軍の威信に関する重大問題なりと認められる。貴職の意見至急回答煩わしたく照会す》

「別冊」というのは被害者の所属部隊号と等級氏名、加害者の氏名、被害者の傷害の程度（診断書付き）、事件の顚末、それに被害者に関する参考事項などで、記者会見で発表した「事件の真相」の内容とほぼ同じだ。中村一等兵には悪い点はなく、非はすべて戸田巡査にあるというわけである。「照会」という表現にはなっているが、これは警察側への激しい憤りの表明であり、明らかな挑戦状である。

この文書を見て粟屋仙吉警察部長はいささか衝撃を受けた。警察としては何とか穏便に取り図るつもりだったのに、軍側の激高ぶりは想像以上だったからだ。粟屋警察部長はすぐさま今井久警務課長を部長室に呼んで対応策を協議した。

そして午前十一時、第四師団の井関参謀長が記者発表を行っている頃、高柳曾根崎警察署長が事件の当事者である戸田巡査を伴ってひそかに粟屋警察部長の官舎に到着した。粟屋警察部長が戸田巡査に直接会うのはこれが初めてだ。事件当日岐阜・長良川の鵜飼見物に行っていて不在だったことが問題を大きくした一因にもなっているとあって、高柳署長は気が咎《とが》めているのか少し憔悴している様子だった。粟屋警察部長は改めて戸田巡査の報告を聞き、これまでに受けていた報告と齟齬がないことを確認したうえで各新聞社に午後一時から警察部長室で記者会見を行う旨を連絡した。新聞記者も大忙しである。なお、事件当初は「ゴー・ストップ事件」とは呼ばず、各紙は「進止事件」とか「青赤事件」、などと書いている。いずれも信号機に由来する命名だ。「ゴー・ストップ事件」や「天六事件」

と言うようになったのは少しあとからだ。

警察部長・粟屋仙吉

井関参謀長としては、これだけ強硬に出れば警察側も折れてくるだろうという思惑でいたのだが、その見込みは甘かった。警察側のトップである粟屋仙吉警察部長は体重二十貫を超える柔道五段の猛者だが、同時に敬虔なクリスチャンで、曲がったことが大嫌いな、腹の据わった人物だったのだ。

粟屋は明治二十六（一八九三）年生まれの内務官僚。米子中学校、一高、東京帝国大学法学部を卒業、大正八年に高等試験行政科試験に合格し、広島県警視、高知県警察部長、愛知県警察部長などを経て昭和七年六月に大阪府警察部長に就任した。事件は就任一年後で、このとき四十歳である。

この六月、粟屋警察部長はゴー・ストップ事件以外にも頭を悩ませる出来事が相次いでいたため、その対応で多忙をきわめていた。

一つは岡山で起きた制服警官による銀行ギャング事件だ。

六月十八日午前一時半、岡山県浅口郡玉島町安田銀行玉島支店の渡辺卓支店長（五〇）方に制服警官が訪れ、「いま付近で逮捕した曲者が銀行を荒らした形跡があるので取り調べたい」というので渡辺支店長は自宅に隣接する銀行に案内した。しかし一向に夫が帰宅しないのを不審に思った支店長夫人が支店長代理に連絡、支店長代理が行内を調査して大金庫の扉を開けたところ、首を電灯コードで締められた渡辺支店長の死体が発見された。さらに金庫内にあった三万余円が消えており、驚いた支店長代理はすぐ玉島署に通報した。

栗屋仙吉

急報により警察では直ちに非常線を張り、犯人の捜査に全力を挙げた結果、犯人は元玉島署勤務、現在は同県赤磐郡葛木村の駐在所詰め巡査、小川郁夫（二八）と判明した。小川は何食わぬ顔で駐在所に戻り熟睡していたところを逮捕された。

現職警察官による銀行強盗・殺人は史上初。前年（昭和七年）十月に日本最初の銀行ギャング事件が東京・大森であったため、全国の各銀行と警察が警戒対策に腐心していた矢先の事件で、しかも制服を着た現役警官が犯人だったという未曾有の事件に日本中の警察が大きなショックを受け、大阪でも栗屋警察部長が綱紀粛正に乗り出したばかりだった。それにもともと大阪と岡山の両警察は関係が深い。当時、大阪には約六千人の警察官がいたが、そのうち岡山県出身者は一割近くを占めていた。大阪で定年まで巡査をし、定年後は郷里の岡山に帰る人も多く、そのためか『岡山県警察史』には大阪のゴー・ストップ事件が詳しく記されているほどだ。岡山の警官による銀行強盗事件は、栗屋にとっても他人事ではなかった。

もう一つ栗屋が気にしていたのは地元大阪の事件。東成区中本署に勤務する五十二歳の警官が、妻のある身ながら三十二歳の未亡人と関係、さらに同年春からは毎日同署に弁当を運んでくる仕出し屋の二十一歳の娘とも親密になった。ソデにされた三十二歳の未亡人が嫉妬のため大阪府警察部監察官に直接すべてをブチまけたので、警察では「妻女まである身が他の女と醜い交渉のあることさえけしからぬのに、況《いわ》んや警察に出入りする女と関係するごとき、綱紀粛正上許しがたい」と懲戒令により厳罰に処すことになった。「エロ警官現る」と新聞は書き立てるし、警察の信用は低下、面目丸つぶれだった。そこに起きたのがゴー・ストップ事件だから、粟屋警察部長が頭を抱えるのも当然だろう。

その粟屋はのち昭和十（一九三五）年に愛知県総務部長に転じ、大分県知事、農林省水産局長などを経て昭和十八（一九四三）年七月に広島市長になり、昭和二十（一九四五）年八月六日、米軍機が投下した原爆で即死した。悲劇の人といっていいだろう。

ついでに触れておくと、粟屋仙吉（父の転勤先の仙台で生まれたので仙吉と名付けられた）の大叔父は「鉄道の父」といわれる井上勝（一八四三～一九一〇）。明治五（一八七二）年に新橋―横浜間の鉄道を全線開通させるなど、日本の鉄道事業に力を尽くした。筆者の郷里関係でも明治十七（一八八四）年四月十六日に開通した長浜駅（滋賀県）―金ヶ崎駅（敦賀港駅）の鉄道は井上勝の功績である。

「警察官も陛下の警察官」

粟屋は井関参謀長からの「照会」に対する回答文は後回しにして、定刻の午後一時、多くの新聞記者たちが待つ警察部長室に入り、会見を始めた。

粟屋警察部長は井関参謀長同様、「事件の真相」をこう指摘した。

「まず中村一等兵が信号を無視したので戸田巡査が注意したところ『生意気いうな』と言ったので押し問答になり、そのあと再び信号を無視して歩道を横断しようとしたので戸田巡査が再度注意を与えたら、こんどは『憲兵隊のいうことなら聞くが、巡査のいうことなど聞く必要がない』との暴言を吐いた。そこで派出所まで連行を求め、派出所内に入ったとたん、突然中村一等兵が拳骨で殴りかかり戸田巡査の顎を一撃したため格闘になった。揉み合う際、中村一等兵によって官服の第三ボタンを裏の真鍮ぐるみむしりとられた。派出所内には他に二名の巡査がいたが、口頭で中村一等兵に注意しただけで、絶対に手を出していない。そのうち通行人の通報により憲兵が駆けつけたもので、警察側が故意に憲兵隊への通報を遅らせたわけではない」

さらに粟屋警察部長はこう続けた。

「警察当局としては、街頭において兵隊が私人の資格において通行しているときは一市民として交通信号に従ってもらいたい。巡査の言うことは聞かない、軍人だから憲兵の言うことでなければ従わないという考え方はぜひ改めていただきたい。この場合、戸田巡査が反則に対し注意を与え、さらに説諭の必要から派出所へ連行したのはやむを得ぬ妥当な処置として是認すべきで、多少その所作において粗暴な点があったとしてもそれをもって『皇軍を侮辱した』などというのは穏当を欠く。格闘の事実は認めるが、戸田巡査も治療一週間の負傷をしており、中村一等兵がまったく無抵抗であったわけではない」

「一巡査対一兵士の問題をもって直ちに軍部と警察の対立であるかのように言われるのははなはだ遺憾だ。軍隊が陛下の軍隊なら警察官も陛下の警察官である。この点は同じで、将来ともに手を携えて行かねばならないと思います。なお軍隊側が暴行・傷害・侮辱などで告訴した場合、警察側としては公務執行妨害・傷害罪などで応訴するかどうか、そんなことは目下予想していないが、別に陳謝の必要は認めない」(六月二十三日付『大阪毎日新聞』夕刊)

真っ向からの、強烈な反論である。ことに「軍隊が陛下の軍隊なら警察官も陛下の警察官である」という言葉に寺内寿一師団長も井関隆昌参謀長も激怒した。

粟屋警察部長は、第四師団対府警察の対立というところまで問題がこじれてきた以上、中央にも連絡及び相談することは不可欠だと判断、その日の夜行列車で部下の今井久警務課長を東京に行かせた。

今井久警務課長は東京府出身で明治三十五（一九〇二）年七月生まれ。このとき三十一歳で、粟屋部長より九歳下だ。大正十四（一九二五）年に東京帝国大学法学部法律学科を卒業、すぐ内務省に入った。以降、宮崎県警察部警務課長兼保安課長、神奈川県警察部警務課長などを経たあと大阪府警察部警務課長に就任（昭和七年一月）していた。

昭和８年当時の警察部幹部たち。前列右から青木監察官、柘植交通課長、粟屋警察部長、今井警務課長

このときのことを、今井久は後にこう回想している。なお、聞き手は放送タレント・エッセイストの三國一朗だ。

「今井　事件が発生しましたのが六月十七日ですね。それでわれわれの方といたしましては、従来の例のように、できるだけ軍隊の方と話をして、そして円満に解決しようと努力しておったわけですが、それがなかなか機会がつかめぬうちに第四師団が声明を発表いたしまして……。

――不法暴行だと。

今井　ええ、警察官の行為というものは不法暴行だという声明が出たわけです。ですからそれに対しましてですね、府の警察部も声明を出したわけですね。そういうことで、正面衝突がはっきりしてしまったわけです。

——それで大阪府としては中央官庁、内務省には報告においでになったんですか。

今井　確か六月二十二日の声明が出ましたときにですね、その晩に私、夜行でたちまして、内務省へ参りまして当時の内務省の松本学警保局長はじめ、首脳部の方にお目にかかりまして、そして事件概要を報告して、大阪府のとるべき態度というものを縷々《るる》説明いたしました。内務省としてはわれわれの態度に対して、全面的にこれを支持するということで、しっかりやれという態度であったんです」（テレビ東京編『証言・私の昭和史　②戦争への道』文藝春秋）

内務省というのは警察・地方行政など内政一般を管轄する内閣の一省で、設置されたのは明治六（一八七三）年。

今井久警務課長が上京して会った松本学警保局長という内務官僚は明治十九（一八八六）年生まれ。岡山県出身で、東京帝国大学を卒業後すぐ内務省に入省、静岡・鹿児島・福岡の各知事を歴任し、昭和七（一九三二）年に斎藤実内閣の警保局長に就任した。警保局長というのは警視総監、内務次官と並んで「内務省三役」といわれる重要ポストだ。ゴー・ストップ事件が起きたときは四十七歳である。

松本は国維会のメンバーで、いわゆる「新官僚」の一人である。国維会というのは昭和七年、国家主義運動家の安岡正篤を中心に、近衛文磨（元首相。戦後GHQの戦犯出頭命令を受け服毒自殺）、荒木貞夫（軍人・政治家。昭和六年、犬養毅内閣の陸軍大臣）、後藤文夫（官僚・政治家。岡田啓介内閣の内相、東條英機内閣の国務大臣）、岡部長景（政治家、子爵。昭和十八年、東條英機内閣の文相。敗戦後、戦犯容疑で逮捕）らによって結成された国粋主義団体。

この国維会に参加し、官僚主導の政治革新を行おうとした内務官僚のグループが「新官僚」で、国維会自体は二年間で解散するが、新官僚はその後もファシズム体制確立に向け活動する。松本学はその一人だ。警保局長時の昭和七（一九三二）年六月二十八日、警視庁の特別高等警察（特高）課を「部」に昇格させ、同年十月三十日、第三次共産党検挙を行っている。昭和九年十一月に退官、歴代警保局長の多くがそうだったように貴族院議員になっている。昭和十六年には大政翼賛会参与。その松本は戦後、ゴー・ストップ事件についてこう語っている。

松本学警保局長

「警察の方としても、簡単に引き下がるわけにはいかない。知事が懸《あがた》君、栗屋君が警察部長、菊池盛登君が特高課長、それから今井久君が警務課長と、錚々たる連中が揃っておった。そこで僕はこれを取り上げて、本当をいうと、軍に負けるなと大いに激励したものです。昭和八年の福井大演習の下検分に行った帰りに京都に立ち寄って、大阪の懸君のところに電話をかけ、『明日は日曜日だから、僕は秘かにあなたの方に行くから、関係者にみな集まってもらいたい。あの問題について相談しよう』と連絡しておいて、翌日は遊山にでも出かけるような顔をして大阪に行き、みなと相談して『これは絶対に負けちゃいかんぞ。勝たなければいかん。彼らは統帥権を犯すものだなどとくだらんことを言っている。陛下の軍人に対して無礼であるということまで言っているそうだが、正気の沙汰じゃない。もし彼らが陛下の軍人というなら、我々は陛下の警察官だ』。

陛下の警察官という言葉は僕がそのとき作ったのだ。陛下の警察官という気持ちは今の人たちはわからないかもしれないが、僕たちはそれほど熱を上げてやっていた」(『松本学氏談話速記録』内政史研究会)

事件は内務省にも飛び火したわけだ。

松本学に会った今井久警務課長は二十四日午前九時四十分大阪駅着の汽車で帰阪。ただちに中央区大手前の知事官舎で懸《あがた》知事、粟屋警察部長、それに今井久警務課長の三人で三時間にわたって協議を続けた。

留め男・辻阪信次郎

今井久警務課長が東京に行っているとき、大阪府議会議長の辻阪信次郎が「調停役」として名乗りを上げた。自分が軍と警察の間に立って事件のこれ以上の拡大を収めようとしたのだ。

大阪財界の大立者として知られる辻阪は二十三日午後一時、赤十字社支部病院看護婦寄宿舎の落成式で非公式に中村濱作・師団司令部付少将と意見交換、次いで一時四十五分には粟屋警察部長と会談し、さらに午後二時半には井関参謀長を訪問、事件解決のため調停役になるつもりである旨を申し入れた。

辻阪は記者団にこう語った。

「この問題は一兵士と一警察官との間に起きた問題で、双方の対立が現在のようになったのは大変遺憾である。ついては、私も府会議長の職にある以上、大阪府のためにこの問題の円満解決を図りたいと思い、粟屋警察部長に会ったわけです。また私と井関参謀長とは昔からごく懇意な間柄だし、この対立が参謀長と警察部長の対立で、まだ師団長と知事との対立には至っていない。今のうちになんとか解決したいと思っています」（六月二十四日付『大阪時事新報』）

ところが辻阪の思惑は完全に外れた。中村少将は粟屋警察部長について、

「警察部長として興奮しすぎている。軍人に重傷を負わせながら陳謝の必要はないと言明するなど、甚だしく円満を欠く話で、当方としては別段事を荒立てる意思はなかったのに却って事態を悪化させる原因を作ってしまったことを、くれぐれも反省してもらいたい」「師団としての態度はすでに決定しているので、いまさら誰が調停に立とうと、それに聴従する余裕はない」（六月二十四日付『大阪毎日新聞』）

と、ひどく高姿勢で、取りつく島がない。聴従とは聞き入れてそれに従うという意だ。

また粟屋警察部長も「辻阪君が中に立とうと言ってきたが、私は同君の意見を伺っておいただけで、調停のお願いも何もしたわけではない。万事、知事と相談の上のことで、辻阪君にこの問題の解決をおまかせすることがよいか悪いかということも十分考えなければならず、第一調停者を立てることが妥当であるかどうかが問題だ」（同日の『大阪毎日新聞』）と素っ気ない。

また最後に会った井関参謀長も「気持ちはありがたいが、当方が警察部長に出した照会の返答がまだ届いていない。それを見てどうするかを決める予定で、調停はいまのところ望んでいない」（同）と、こちらも調停を断った。辻阪のメンツは丸つぶれである。

辻阪は明治十八（一八八五）年生まれで、このとき四十八歳。生粋の大阪人で、大阪府の多額納税者である辻阪芳之助の弟だ。大正二（一九一三）年に分家し、その後喜久屋食料品店社長、五花街土地建物会社社長、虎尾信託会社取締役などを経て大阪府会議員、市会議員などを務めて、四度も府会議長に挙げられている。

幼い頃から小僧に出され、本人は事あるごとに「ぼくの学歴は小学校卒業だけです」と話していたが、そのハンディを乗りこえ、腕一本で大阪府市政・財界の風雲児となった。戦後でいうと田中角栄に似ているところがあり、みんなから「ツーさん」「ツーさん」と親しまれてきた人物だ。

その辻阪、ゴー・ストップ事件の調停に失敗した二年後の昭和十（一九三五）年十一月十八日、大阪脱税疑獄事件に連座して逮捕される。南税務署所得調査委員としての地位を利用、賄賂を受け取ると同時に、その一部を官吏に贈賄していたという容疑（罪名は瀆職罪）だ。

皮肉なことに辻阪はかねてより警察にシンパシーを感じており、「大阪にも関西警視庁を作らなあかん」と、いたる所で持論を展開、また警官アパートを作るよう提案したりしていたので、周囲は「ツーさんが刑務所に引っぱられはったが、なーに、いまに嫌疑が晴れてきっと出てきやはりますわ」と見ていたものだ。

ところが年が明けた昭和十一年一月二十三日、辻阪が北区刑務支所の独房内で縊死しているのが発見された。持っていた二枚のハンカチを独房の窓にくくって首を吊ったのだ。

さらにその三日後の一月二十六日、辻阪の密葬の日、今度は辻阪の愛人である芸者・小金こと石井勝代（二十八）が服毒（カルモチン）、辻阪の後を追った。勝代は尾道の石炭商の娘で、八年前に辻阪と知り合った頃にはすでに一流芸者として有名だった。そして昭和七年に大阪天王寺区細工谷町に居を構え、母親や姉弟と一緒に暮らしていた。そのため辻阪はかなりの資金をつぎ込んだようだ。その辻阪が逮捕されてからというものは、勝代はお茶やタバコを絶ち、水垢離をとって祈っていたが、辻阪は考えるところがあったようで獄中から弁護士を通して絶縁を迫っていたという。勝代は両親宛に遺書を残していた。その一部を紹介する。

「旦那様の亡き後は私の生きてゆく道がわかりません。旦那様と私の仲はそれはそれは口にはいえぬお互いに信じ合い二世三世をちかっていました。どうしても生きられません。一方ならず皆様にお慰めしていただきまして、誠に済みません。重々おわびいたします」（昭和十一年一月二十七日付『大阪朝日新聞』）

辻阪が首を吊った二枚の麻のハンカチも勝代にもらったもので、二人の死は大阪市民の同情の涙を誘ったものだ。

この話はそれだけで終わらない。辻阪が逮捕された同じ昭和十年十一月十八日、吉本興業の創業者・吉本せいも贈賄・脱税等の容疑で逮捕、辻阪と同じ北区刑務支所に収容されている。せいは三十四歳で夫・吉本泰三と死別、逮捕されたときは四十六歳。実は辻阪とせいは愛人関係にあり、辻阪の選挙資金を融通したり、また反対に興業税に手心を加えてもらったりしていた。せいは肺結核を患っていたため保釈が認められ、病院に逃げ込んでいたのだが、辻阪はせいについて一切口をつぐんだまま自殺したため、大阪地検によるせいに対する捜査は中止になった。捜査の進展次第では吉本興業の存続も危ないところだった。

和解ムードが一変

話を戻すと、辻阪の調停が失敗に終わった六月二十三日の午後三時、曾根崎警察署の高柳博人署長が自ら大阪地裁検事局に出頭し、真野歓三郎次席検事と長時間にわたって面談した。高柳は明治四十四年に巡査を拝命、平野署を振り出しに八尾署長や高等課長を経て、昭和七年八月に曾根崎署署長に就任した苦労人。このとき四十九歳である。高柳署長は翌二十四日午後一時には大阪地裁検事局に和田良平検事正を訪ね、約一時間面談している。いずれも事件の詳しい報告だ。

検事局には大阪憲兵隊からも報告書が届き、高柳署長が和田検事正と会った後の午後二時過ぎには憲兵隊の中林中尉も和田検事正を訪ね、こちらは憲兵隊の調査に基づく報告をしている。

この間、警察部では第四師団からの「照会」に対する回答文作りに大わらわだった。二十二日はほぼ徹夜で関係者が回答文を作成、二十三日午前中にはほぼまとまったので、懸知事の決裁を受けてから粟屋警察部長の名前で井関参謀長に提示する予定でいたが、それではかえって問題が紛糾する可能性があることから、直ちに回答文を師団側に送達することは見合わせ、なんとか穏便に済ます方法はないかと考えていた。粟屋警察部長は新聞記者の質問にこう答えている。


「これ以上問題を先鋭化させることはよろしくない。最初からできるだけ速やかな円満解決を望んでいるわけで、照会文や回答文だけで問題が解決するとは考えていない。回答文は出すが、別段期限も切っていないので、特に急いではいない。回答文とは別に解決の道があればそれに越したことはない。全般的に、こちらが悪かったと謝罪する必要がないと同時に、警官が暴力を用い負傷させたことは相手方に対しまことにお気の毒だと思っています」(六月二十五日付『大阪毎日新聞』夕刊)

これに対し師団の井関参謀長はひたすら警察部からの「回答文」を待っていた。事件から一週間目の六月二十四日も午前中ずっと待機していたが、回答文は届かず、土曜日であることから午後一時二十分頃に司令部を退出した。この日の朝、井関参謀長は在阪の陸軍諸機関、各部隊に対し、「明日は日曜日だが、交通取締には特に厳重な注意を払ってもらいたい」と厳しく通達している。

井関参謀長としては、すでに一週間経ったことだし、警察側が師団のメンツを立ててさえくれれば円満解決するのにやぶさかではないと思っていたようだ。こちらも新聞記者の質問にこう答えている。

「回答文の内容次第だが、こちらは和戦両様の準備ができている。ただ事件を円満解決したいという考えは十分持っている。軍部として、この問題をなぜかくも重要視するかにつき一般の人の中には甚だしく誤解している向きもあるが、それは名誉のため死を賭すという軍人精神が一般に徹底していないためで、この点、十分に理解してもらいたい。明日の日曜日はゆっくりと釣りでもして英気を養うつもりです」(二十五日付『大阪毎日新聞』夕刊)

二十五日の日曜日については軍部だけでなく、警察部も各署員に注意を促している。二十四日夜、警察部の藤原監察官が官舎から府下各署署長に電話し、明日二十五日日曜日の交通取締りについては特に外出軍人に注意するよう通告した。島之内警察署などは午後十一時に全署員を集めて田村署長が訓示を与えたほどだ。同じようなことがまた起きるのではないかと、軍部・警察部の両陣営とも心配でたまらなかったのだ。

と、果たして翌二十五日、本当に同じような交通信号無視事件が起きたのである。午前十時過ぎ、こともあろうに曾根崎警察署の前で、第八連隊の兵士が信号を無視して道路を斜めに横断しようとしたのだ。すぐ交通巡査が駆けつけた。いつもなら「コラッ」と怒鳴るところだが、前日上のほうから厳しい通達が来ているため、ソフトに「もしもし兵隊さん、信号は赤ですよ」とたしなめるに止めた。すわ、また巡査と兵隊のケンカか、と通行人が多勢集まってきたが、それを見て兵隊は頭を掻き掻き「すみません。満州から帰って来たばかりで、まごつきました」と謝ったので、この一件はそれで終わり、集まった通行人はホッとするやらガッカリするやら。

こうして何となく和解ムードが漂っている中、二十四日の夜になってそれに水を差すような出来事が起きた。

大阪南地大和屋における清交社主宰の宴席で、偶然に懸知事と第四師団の寺内寿一師団長が顔を合わせたのだ。清交社というのは大正十二年に大阪・堂島で設立された社交クラブ。東京では福澤諭吉が慶應義塾大学を卒業した学生のための情報交換の場として交詢社をすでに設立していたが、大阪にも交詢社のような社交クラブが必要だというので誕生した。現在も活動を続けているクラブだ。

懸知事は別室に寺内師団長を招じ入れ、こう切り出した。

「本事件で師団と府とが対立、先鋭化しつつあるのは誠に残念。お互いに面白くないと思うので、いままでの行きがかりをサラリと水に流して貴方と私が握手し、円満解決の具体的条件は参謀長と警察部長とで協議するということでどうでしょうか」

懸忍大阪府知事

懸忍知事は明治十四（一八八一）年静岡県生まれでこのとき五十二歳。東京帝国大学法学部を卒業して内務省入りした官僚で、警視庁警務部長、山形、鹿児島、千葉の各知事、さらに樺太庁長官を歴任したあと昭和七（一九三二）年六月に大阪府知事に就任した。そつのない切れ者である。

しかしこの懸知事の言葉に寺内寿一師団長が気色ばんだ。「かかる重大な問題をかような場所で聞くとは実に意外である。今晩、官邸で話し合いましょう」

知事が「官邸は困る」と言うと、寺内師団長はこう述べた。

「軍人である私には政治的解決の意味がわからないが、それはどういうことを指すのか。こんどのような重要な問題は公明正大に解決すべきであり、しかも当方からの照会の公文書正式回答さえないのに、さような話を受けるつもりはない」

政治的解決とは懸知事の「サラリと水に流して」の言葉を指す。当日の各紙は「府側は政治的解決の方途を探っているようだ」との観測記事を載せていた。

寺内はそのまま席を蹴って部屋を出た。気まずい雰囲気の中で宴会が終わり、師団長官舎に戻った寺内はすぐに井関参謀長に電話し、「警察は軍をなめている。すぐに回答文を出させろ。妥協してはならん」と命令した。

ビリケン宰相の息子

ここで寺内寿一《ひさいち》第四師団長と懸知事の立ち位置について触れておくと、大阪では文官の最高位が知事で、これは勅任官（高等官の一種）。これに対し師団長は親補職（天皇自ら命を下して補する職）で知事より上位だ。つまり寺内師団長は大阪では常に床の間を背負って座る地位で、知事などが自分に逆らうのが気に入らなかったのだろう。

この寺内寿一（一八七九～一九四六）は明治・大正の陸軍軍人、政治家である寺内正毅《まさたけ》（一八五二～一九一九）元総理の息子。長州出身である父の寺内正毅はその尖った頭や吊り上がった目が大阪・通天閣五階に置かれている「ビリケンさん」（子供の姿をした幸運の神の像）に似ていること、また寺内正毅内閣が政党からの入閣者が一人もいない超然内閣だったため「非立憲（ビリケン）内閣」と呼ばれたことから、「ビリケン」という渾名がついた。本人はまんざらこの渾名が嫌いではなかったようだが、軍備拡大、シベリア出兵の強行、大衆課税の増徴、さらには言論弾圧などの軍閥政治を行い、大正七（一九一八）年、米騒動によって総辞職した。

その長男である寿一は明治十二（一八七九）年生まれ。

陸軍士官学校（陸士十一期）卒業後近衛歩兵第二連隊付となり、朝鮮軍参謀長、満州の独立守備隊司令官、さらに第五師団長を経て昭和七（一九三二）年一月九日付で第四師団長になった。前職の第五師団長（広島）からの横すべりである。中将になったのは第五師団長になる前の昭和四（一九二九）年。この頃、長州閥への部内の積年の恨みから長州出身者はなかなか陸大（陸軍大学）に行けず、そのため重要なポストには就けなかった。せいぜい少将どまりの人物が中将に昇進して第五、第四師団長になれたのも、ひとえに親の七光りだと思われていた。すでに父親が死んだ大正八（一九一九）年に伯爵を襲爵している。

寺内寿一第四師団長

なにしろお坊ちゃん育ちだから怖いもの知らずで、その洒脱な風貌とは裏腹に、性格は一本気でやんちゃだ。高等師範学校附属尋常中学校（現在の筑波大学附属中学校・高等学校）では軟派学生だった同窓の永井壮吉に鉄拳制裁を加えたりもしている。永井壮吉は後の作家、永井荷風である。

またこれは後年のことになるが、彼が陸軍大臣になったとき、その横紙破りが大きな話題になった。有名な「切腹問答」がそれだ。

昭和十二（一九三七）年一月、第七十帝国議会で浜田国松が陸軍批判を展開した。浜田は伊勢生まれの政党政治家で、当時は政友会に所属していた。すると答弁に立った寺内陸相は「浜田君の演説中、陸軍を侮辱するようなお言葉がありましたが」と述べた。浜田はすぐに反論した。「私の言葉のどこが軍を侮辱したのか。速記録を調べて、私が軍を侮辱する言葉があるなら割腹して君に謝罪する。もしなかったら、君が割腹せよ」と。

激怒した寺内は「政党を反省させるため議会解散を」と広田弘毅首相に要求、「解散しないなら私が単独辞職する」と迫った。永野修身《おさみ》海軍大臣が寺内をなだめたが寺内の怒りは収まらず、結局広田弘毅内閣は閣内不一致で総辞職する羽目になったのだ。

寺内にはさほど出世欲はなかったようだが、上の者たちが出世を焦ってかえって足を滑らせ脱落して行くため、「果報は寝て待て」の諺どおり、何もしないのにトントン拍子に出世した。最後は何と元帥である。ただし、その肩書きに能力がついて行かなかった。作家の山田風太郎はその著書『人間臨終図巻』（徳間書店）でこう記している。


「昭和十九年十月二十日、米軍がレイテに上陸したとき、マニラにあった南方軍総司令官寺内寿一は、レイテ戦は不利とする山下奉文の意見を斥け、強いてレイテ決戦を命じて死地に追いやり、みずからは十一月七日仏印サイゴンに逃避した。（中略）八月十五日の敗戦の後、九月十二日シンガポールで降伏式が行われた。寺内は病気を盾に、板垣征四郎大将を代理にやったが、連合軍総司令官マウントバッテンとの会見には応じ、家宝の来国俊の日本刀を差し出した。この刀は戦利品として、いまもロンドン塔に飾られている」

そして寺内が死の床についた昭和二十一年六月十一日、かつて彼に鉄拳制裁された永井荷風は「嬉々《きき》飄々《ひょうひょう》として新小岩の私娼窟を散歩している」と山田風太郎は書き付けている。

ゴー・ストップ事件に戻ると、井関参謀長は翌日の日曜日は釣りに出かけるつもりだったが、怒り出すと手が付けられない寺内からの電話を受けて急きょ中止にし、今後の方針を練った。そして二十五日日曜日の夜、井関は新聞各社に緊急記者会見を行うと連絡した。何事ならんと記者たちが駆けつけてきた。

記者たちを前に、井関参謀長はこう府警察側を非難した。

「師団の照会に対する府庁側の回答はいまだに受け取っていない。世間ではこの正式回答によるほかに事件解決の一方法として〝政治的解決〟なるものが伝えられている模様である。このいわゆる〝政治的解決〟の言葉にどんな特別の意味が含まれているか知らないが、世間一般に使われている意味の〝政治的解決〟であるならばこの方法は軍部としては真っ平ごめんだ。軍部はどこまでも〝政治的解決〟の方法を排撃するが、さりとて好んで事態を紛糾せしめる意図は毛頭ない。条理を尽くし系統立てて、しかも公明正大にこの事件を処理し、一日も早く円満解決することを切望する」

大阪府側も二十五日夜八時半から知事官舎に粟屋警察部長、今井警務課長が駆けつけ、一時間あまりに亘って協議を続け、井関参謀長の照会文に対する正式回答文を翌二十六日月曜日の朝、師団側に渡すことを決めた。粟屋警察部長が直接出向き、井関参謀長に手渡すとともに、虚心坦懐、両者で話し合おうというのだ。こちらにも各新聞社の記者が押し掛け粟屋警察部長の談話を取った。以下のような談話だ。

「率直に腹をぶちまけて話し合いさえすればわかることと思う。回答文は土曜、日曜がはさまったために遅れたが、決して故意に遅らせたわけではなく、このうえはできるだけ速やかに誠意をもって円満に解決させたいという一念のほかない。この真意は軍部側でも諒解してくれると信ずる」（両者の談話はいずれも六月二十六日付『大阪毎日新聞』より）

いよいよ師団参謀長と警察部長という、現場の責任者同士の初会談となったわけで、大きな前進である。

両者の初会談は翌二十六日、粟屋警察部長が井関参謀長を訪ねるという形で行われた。午前十時、粟屋警察部長の乗った車は大坂城内の師団司令部に到着、井関参謀長と飛松副官が出迎えた。両者は城内の紀州御殿（明治初期に和歌山城二ノ丸御殿を移築。昭和六年からは大阪市の迎賓館）に入り、扉の両側に監視兵を置くという物々しい雰囲気の中、紀州御殿内の貴賓応接室で会見、およそ一時間半に亘って意見交換した。そして今回の会談内容は一切公表しないことを確認したうえ、最後に問題の回答書が粟屋警察部長から井関参謀長に手渡された。

会談後の午前十一時四十分、師団側はごく短い談話を記者団に発表した。

「両者の会見は隔意なく円満に行われた。今後も数回の協議をなす筈である」

続いて粟屋警察部長の談話。

「会見内容は協約上お話できないが、当方から回答書を出したことは事実です。なお、今日は第一回の会見で、この問題については今後も累次井関参謀長と会見することになるであろう」(以上、六月二十七日付『大阪時事新報』)

この会見を受け、警察側は同日午後知事官舎で懲戒委員会を開き、事件の当事者・戸田忠夫交通巡査の処分について検討した。出席者は委員長の懸知事以下、粟屋警察、泊内務、崎山学務の各部長、それに今井警務課長、藤原監察官の六人。

「戸田巡査の行為は、たとえどんな事情があったにせよ、警察官として適切ではない。その点に過失があるものと認む」との観点から月俸二カ月間百分の五の減俸と決定、翌二十七日に警務課長から発表するとともに、第四師団側にもその旨を通知した。師団側では「この処分は軽すぎる」との不満の声が上がり、二十八日に予定されていた井関参謀長と粟屋警察部長の二回目の会見がどういう展開になるか、予断を許さない事態になった。

そして二十八日。この日の会見は大手前の警察部長官舎で行われることになっており、約束の午前九時ぴったりに井関参謀長が栗毛の愛馬に乗って部長官舎の正面玄関に到着した。井関参謀長、粟屋警察部長の二人は二階の日本間に入り、ただちに会談が開始された。終了したのは同十時三十五分。会見の内容を知ろうと記者団が両者を取り囲む。しかし一回目の会見と同様、中身についての言及はなく、ただ「本日は前回に引き続き第二回目の会見を行ったが未だ完全なる一致点に到達せず、今後なお両者の研究考慮のうえ折衝を重ね、円満解決に善処する考えである。なお事態は決して悪化していない」との共同声明を出すにとどまった。悪化してはいない、と共同声明ではうたったものの、実際は師団側の態度はむしろ硬化していた。

この日の午後二時過ぎには大阪憲兵隊の難波隊長が師団司令部に井関参謀長を訪ね、今朝の第二回目の会見の模様を聞く一方、同じく大阪憲兵隊の五十嵐特務課長が府警察部の藤原監察官に面会を求め、本事件における警察、憲兵隊両者の調査した真相の相違点につき詳細な意見交換を行った。そうするうちに午後八時半、井関参謀長が次のような談話を発表した。内容はいままでの主張とそれほど変わらないが、初めて「外出兵士もまた統帥権内にある」という考えが表明されており、きわめて注目すべき内容なので、報道記事の全文を紹介する。

公務外の「統帥権」を主張

「世間の視聴を集めて居る所謂ゴー・ストップ事件は軍部と府庁との間に於て数次の折衝を重ね

両者互に誠意を披瀝して忌憚なき意見を交換し本件解決の道を発見せんと努めつつあることは一般の承知せらるる通りであるが、第三者たる市民諸君の間には色々と誤解もあり、認識の十分でない点もある様であるから以下少しく述べて何が故に軍部がこの事件を重大視してかくも強硬に主張せざるを得ないか明らかにしたい。

一、軍部が挑戦的態度に出たかの如く思ふ人があらばそれは誤りである。

軍部がかくも重大視している悲しむべき事件が突発してから世間では色々揣摩憶測が盛んに行われていたので、徒に世の疑惑を生ぜんことを憂ひて軍部側の調査による事件の真相だけを六月二十二日、私の名をもって発表したのである。然し之は声明でも何でも無いことは当時特に申し述べて置いた所であるが、もちろん府庁側に対して挑発的態度に出たものではない。又軍部としては斯の如き事件を速かに陸軍省に報告することは陸軍報告例に依る当然の事務的処置であって、何も事件を拡大せんとする意志でやったものでは無いことを能く諒解せられたい。

二、子供の喧嘩に親迄飛び出さんでもよいでは無いかとの考え方は軍部に関する限り適当でない。

畏くも上御一人の股肱たる大切な軍人をお預かりして日夜之が教育錬成に努め、服役上の義務を完全に果し、良民として其の家庭に帰らしめ、一朝事ある場合御奉公の義務を遺憾なく尽くさしめる為に、我々は最善の努力を払って居るのである。此の陸軍の本義に基き重大なる御委任を受けて居る上官が、其の部下の名誉が傷つけられ、其の身体に治療約一カ月を要する傷害をさえ受けて居る。此の一大事に対し最大の努力を払ふことは職責上当然すぎる程当然のことであって、一人前の能力を欠いた頑是なき子供の喧嘩に其親が出たのと同一に此の事件を視ることは根底に於て大なる誤りがある。

三、現役軍人を単なる民衆として取扱ふのは正当でない。

軍服着用の現役軍人が単独で行動して居る場合は、一般民衆と同様に交通取締規則を守らねばならぬこと勿論であるが、万一違反行為と認めらるるものがあった場合には、其の取扱は全然一般民衆とは異るのである。其理由は、現役軍人は軍の統帥権内にあるものであって、単独で外出して居るからとて統帥権外にあるものでは断じて無い。この統帥権の発動に依って現役軍人は厳粛なる特別法規の下に拘束されて居るのである。即ち軍服を着用して行動する現役軍人は一私人に非ずして一公人と見るべきものである。尚換言するならば、自分の身体でありながら上御一人に捧げ奉った身体であるとの矜持と責任とを持って居るのである。かかるが故に現役軍人の非行は普通よりも厳重なる軍律に依って軍法会議で処断され、又は懲罰令に依って処分せられるのである。従って万一非行があった場合には現役軍人は一般大衆と異なり軍事警察を掌って居る所轄憲兵隊に直に通告され、之に引渡さるべきことになって居る。

而して行政警察法規たる交通取締規則に対する違反行為があった場合には、警察官としては要すれば其所属部隊号、官等級氏名を聞き、現認したる事実を憲兵に通告すれば足りるのである。若し此の軍人が犯行を隠蔽し、或は逃走するか暴行する場合に於ては臨機の処置として警察官は要すればやむを得ず強制力を加ふことも敢えて不可ではないかも知れないが、さもない時に濫りに強制力を加ふることは越権の行為であり、且又その行為自体が軍人の名誉を傷つけるものである。然るに今回の事件に於ては此の正当なる手続が全く蹂躙され、而も警察官の行為が甚しく乱暴であったことは常々警察官を最も恐れて居る民衆の方々が見るに見兼ねて『兵隊をそんなにせんでも良いではないか』と勧告せねばならなかった程左様に烈しい行為をして居るので明かである。かくの如きは現役軍人として忍ぶべからざる重大なる侮辱たるは申す迄もない。重ねて申せば軍服を着用せる現役軍人は一市民たることに相違ないが、さりとて単なる一市民と同様の取扱を為し得ると考ふることは、船は船でも軍艦と普通商船とを同一視するのと同様であって、大ひに間違っていることは茲に贅言を要しない。

四、軍人が何故特に名誉を重んずるかに就て一般の御諒解を願ひたい。

一般の方々に於ても名誉を重んぜらるることは勿論であるが、特に軍人は最も名誉を重んずるのである。健軍の本義に基き身分の上下、貧富の差別なく、等しく上御一人に捧げ奉った自分を男一代の誇りとし、死よりも名こそ惜けれとの精神を心肝に銘じて居るからこそ、戦いに臨み喜んで国に殉じ得るのである。軍人は利に走り慾に堕して行動するのではない。その名に依ってのみ動くのである。この崇高なる観念がなかったなら、世界に比類なき皇軍の活動は到底あり得ない筈である。実に我国伝来の武士道も今日の軍人の考え方と同様であって名に依って生き、名に依って死する。之が軍人の真諦であり皇軍の至宝である。

この精神が皇国の軍人に充ち充ちて居ればこそ、皇軍の威武を中外に宣揚し得るのであって、謂はば此精神は皇軍の生命である。今回の事件に於て中村一等兵が其の当然為すべき手続をとらなかった一巡査から前述の如き不当なる取扱を受けたことは、附近に居た群衆が見るに見兼ねて注意した如く実に現役軍人にとりては一大痛棒でなければならぬ。かくの如く名誉を毀損された場合

荒木貞夫陸軍大臣

には昔の武士ならば相手を斬り捨て己亦切腹して御詫するのが日本古来からの伝統的習慣である。素より現時の軍人は左様なことはしない。さすれば不幸なる中村一等兵の汚された面目と踏みつけられた名誉は如何にして之を保つべきであろうか。之彼れの上官たる者が最も合法的に対者の反省を求めんとする所以であって、軍部当局が先般来採って来たのは実にこの考えに出発して居るのである」（六月二十九日付『大阪毎日新聞』）

ここで少し説明すると、「上御一人《かみごいちにん》」というのは天皇の尊称であり、皇軍というのは天皇の軍隊、皇国というのは天皇の国という意味である。

それまで「国軍」と呼称されていた軍隊を「皇軍」と言い換え、「皇軍」やら「皇国」という言葉を頻繁に使い出したのは当時の陸軍大臣・荒木貞夫である。

荒木は明治十（一八七七）年、東京生まれで、陸士（陸軍士官学校）九期。同期には阿部信行、真崎甚三郎、本庄繁、松井石根などがいる。いずれも大将だ。陸軍大学（十九期）は首席で卒業した。参謀本部ロシア班を振り出しに憲兵司令官、陸軍大学校長、第六師団長、教育総監部本部長を経て昭和六（一九三一）年十二月から九年一月まで犬養毅・斎藤実両内閣の陸相。中将にして陸相になれたのは教育総監・武藤信義（元帥。一八六八〜一九三三）の推薦があったこと、青年将校たちの支持があったためだ。恬淡として人間に嫌みはないが、皇道主義の精神主義者として知られ、自慢の八字髭をひねり上げては神懸かり的なことを言うのがキズで、口癖は「皇軍」のほか「皇国精神」、「非常時」。そして渾名は「慢性非常時男」、「竹槍将軍」、それに「牛のよだれ」。昭和八年十月、外国人記者団のインタビューに「竹槍三百万本あれば列強恐るるに足らず」と答え、記者団を唖然とさせたというのが「竹槍将軍」の由来だ。また演説がダラダラと長いため「牛のよだれ」。

のちのことになるが、荒木は昭和九年の正月、各宮家への年賀回りで出された酒を片っ端から飲み干して泥酔、前田正実秘書官に担がれるようにして自宅に戻った。自宅には青年将校たちが待ち構えており、また痛飲。さすがの荒木もここであえなく討ち死にし、翌日から高熱を出した。肺炎で絶対安静だという。これでは国会に出られないというので前田秘書官に辞表を書かせ、翌日斎藤首相に提出させた。なんとも締まらない話だ。後任の陸相は林銑十郎になった。荒木はのち極東軍事裁判でA級戦犯として終身刑を言い渡されるが、昭和三〇（一九五五）年に仮釈放された。

荒木貞夫はゴー・ストップ事件の関係者の一人であり、後にも出てくるが、その精神主義者・荒木の部下が寺内寿一・第四師団長、さらにその寺内の秘書役が井関参謀長というわけで、この井関参謀長の談話も恐ろしく事大主義的、かつ威丈高なものだ。

天皇の最も信頼する家臣である軍人は統帥権内にあり、いかなる状況下でも公人であって、たとえ違法行為があったとしてもその処理を行えるのは憲兵だけである。今回の事件でもこの点がまったく考慮されておらず、警察官が憲兵に処置を任すという正当な手続きが取られていない。あまつさえ皇軍たる現役軍人に暴力行為を働くとはとんでもないことであり、許しがたい——と井関は言うのだ。

統帥権というのは軍隊の最高指揮権のことで、明治憲法下の日本では統帥権を天皇の大権事項とし、内閣の関与する一般の国務から独立したものとされる。明治十五（一八八二）の軍人勅諭で「天皇の軍親卒」が宣言され、明治二十二（一八八九）に制定された大日本帝国憲法には「天皇ハ陸海軍ヲ統帥ス」（第十一条）と定められている。陸軍は参謀本部、海軍は軍令部が天皇に直属し、陸軍省や海軍省からも分離していた。

井関参謀長は、信号を無視した中村一等兵もこの「統帥権」内にあるのだから警察なんぞが手出しをするな、と言う。いまなら「軍人ファースト」というところで、とにかく天皇にお仕えする軍人がいちばん偉いのだという考えに凝り固まっているのだから、粟屋警察部長も困り果てたに違いない。

第三章　決裂

三度目の会談も不調

この「統帥権」について、人並みならぬ関心を寄せていたのが作家の司馬遼太郎である。司馬はたびたび統帥権に言及している。たとえばこうだ。

「明治憲法はいまの憲法と同様、明快に三権（立法・行政・司法）分立の憲法だったのに、昭和になってから変質した。統帥権がしだいに独立しはじめ、ついには三権の上に立ち、一種の万能性を帯びはじめた。統帥権の番人は参謀本部で、事実上かれらの参謀たち（天皇の幕僚）はそれを自分たちが〝所有〟していると信じていた。

ついでながら憲法上、天皇に国政や統帥の執行責任はない。となれば、参謀本部の機能は無限に近くなり、どういう〝愛国的な〟対外行動でもやれることになる」（『司馬遼太郎全集第六十六巻』）

交通信号さえ守れない一等兵をかばうため居丈高に「統帥権」を振り回す井関参謀長に対し、粟屋警察部長は「反省すべき点は共に多々」と題する新聞談話を発表した。

「軍部が社会に対し発表せられたことについて軍部の立場として左様に考えられることは無理ないと思う。軍人を民衆として取扱うなというが、警察取締上、軍隊行動でない個人としての軍人と一般民衆の間に特に取扱いの上二様あるべきではない。場合によっては説諭もし身柄も一時的に拘束することも出来る。また連行の必要上やむを得ず或種の強制力を行使したとしても、それは不法行為と見做すべきでなく、それをもって特に『軍人の名誉』を傷つけるものとするに当たらないと思う。憲兵隊の通告引渡しは当然で、あの場合も特にこの手続きを怠ったものと考えていない。軍人の名誉はどこまでも尊重するが警察官の公務上の立場についても考慮をはらって戴きたい。ともに反省すべき点は多々あることだし、警察としても譲りうる最大限度まで譲るつもりだが、どうしても譲り得ない一点は正当に主張したい」(六月二十九日付『大阪毎日新聞』)

こちらはきわめて〝大人の〟対応ぶりである。

とはいえ、この頃の粟屋警察部長は軍部の強硬姿勢に頭を痛め、ずいぶん苦悩したようだ。大阪府警察部の巡査部長で粟屋警察部長の秘書を務めていた相口睦郎が後年、こう回想している。

「俺(粟屋警察部長)の後ろには何千、何百という警察官がついとるんだと。その部下の顔を丸つぶしにするようなことは絶対にできないと。個人粟屋やったらもうなんぼでも頭下げいいうたら頭下げる、謝って解決する。けど警察官全部の顔にね、泥を塗るようなことは僕にはでけんと。たいがい折れていったらどうやと言うようなことをいうて、府会議員の人なんかがちょいちょい来よったですよ。警察部長、いいかげんでもう解決せい、いうてね。そんながんばったってあかん、相手は軍隊やで、ちゅうてね。よう来よったですよ。だけどそんな簡単なもんじゃないんだといってね、そんな冗談半分のことをいうて済ませるんだったらほんとにありがたいんだけど、そんなに軽いもんじゃないんだいうてね。

軍隊やから譲っとけ、というような考え方はいかんと、それはえらいいうてましたね。軍でも神さんじゃないんやからね、過ちはあると。その過ちをね、過ちで通しちゃいかんという主義でしたね」(『NHK　歴史への招待　第29巻　二・二六事件』日本放送出版協会)

そんな中、井関参謀長と粟屋警察部長の第三次の会見が七月一日午後一時から前回と同じ警察部長官舎で行われた。この日はまず師団側から今後の協議についての提案があった。内容は以下のようなものだ。

まず双方から委員として師団側より五十嵐大阪憲兵隊特高課長と石井第四師団外事部主任、そして警察部側から今井警務課長、藤原監察官の各二名を出し、両者いずれの事実調査において双方とも何らかの非があるのだから互いにこれを確認して将来を戒め、それをもって解決としよう――という内容だ。具体的にいえばまず警察が軍の威信を傷つけたことを認め、また師団側も軍人にも信号を無視した事実があったことを確認する。そのうえで兵士、交通巡査のそれぞれを処分し、幕引きにするという案だ。

栗屋警察部長は基本的にこれを諒とし、いったん持ち帰って知事に相談して改めて回答するということで、会談は五十五分で終わった。

ところが大阪府側の結論がいっこうに出ない。午後三時前から協議は始まったのだが、五時間経った午後八時、それまで師団の井関参謀長は司令部で待機していたのだが、ついにしびれを切らして知事官舎にまでやってきた。すぐに栗屋警察部長が出てきて、「申しわけないが、いま少しお待ち下さい」と言ってまた部屋に入ってしまい、出てきたのはさらに小一時間もした頃だ。井関参謀長が知事官舎にまでやってきて様子を見にきたのは、七月三日に東京から荒木貞夫陸相が和歌山に用事があって西下、途中大阪に立ち寄る予定になっていたからだ。なんとしてもいい結果を出して荒木陸相に報告せねばと焦っていたのだ。

しかし、この三度目の会見も結局決裂した。

これまで井関参謀長と栗屋警察部長の会談でどうしても決着のつかない大事な最後の一点が、その部下もしくは他の者の協議で解決できるはずがなく、いたずらに過去の事実をあれこれ話し合っても、それは時間の無駄。だからこの際、過去の事実に対する確認は取りやめ、ただ「将来お互い注意しましょう」との申し合わせなら応じるというのが大阪府側の返答だったのだ。

これにはもちろん井関参謀長はカンカン。記者たちの前に口をへの字に結んで姿を現した。以下、その談話。

「事件解決の唯一の方法として残されていた最後の提案も府の方で意見を異にし、やっても大なる価値なしとしてこれまた駄目になった。粟屋部長との間の話はひとまずこれで打ち切ります。結局物別れです。私としては微力ながら師団長の命を受け、これまでやって来ましたが円満解決に至らず、甚だ申し訳なく思っており、ただいまもお叱りを受けたところです。物別れとは甚だ残念ですが、致し方ありません。将来の態度？　それはただいま憲兵隊と協議していますが、大抵ご想像がつくでしょう」（七月二日付『大阪毎日新聞』）

井関参謀長は師団に戻るとさっそく寺内師団長に報告した。寺内はもちろん大激怒。すぐに大阪憲兵隊の五十嵐特高課長を呼び出し「検事局に告訴する。さっそく準備にかかれ」との命令を出した。

荒木陸相が西下

この日（七月一日）の大阪の気温は三十三度という酷暑。誰も彼も頭に血が上っていたようだが、普段ほとんどこの事件に言及したことがない大阪市長・関一《せきはじめ》が初めてこの日の日記に「師団警察ノ紛糾愈愈面倒ナリ」と書き付けている（『関一日記』関一研究会編、東大出版会）。関一は大正三（一九一四）年東京高商（現・一橋大学）教授から請われて大阪市の高級助役になり、大正十二（一九二三）年大阪市長に就任した。その後昭和十（一九三五）年一月二十六日に腸チフスによって現役市長のまま死去するまで二十年六カ月に亘って大阪市の近代化に力を注ぎ、いわゆる「大大阪」を実現した人物。先見の明のある人で、三十年後の大阪を見越し、早くも大正十五年に大阪地下鉄計画を立案した。紆余曲折の末、ようやく市会の承認を得て昭和五年から一号線から三号線までの地下鉄工事に取りかかり、ようやく梅田―心斎橋間三キロが完成したのはゴー・ストップ事件直前の昭和八年五月二十日。二年後に彼が死去したとき、彼の死を惜しんだ八万人を超える人が葬儀に参列している。

関一大阪市長

関市長はそれまで事件のことに一回も触れていなかったのだが、この七月一日の日記で、関市長にもこの問題は早く何とか解決してほしいという気持ちがあったのだと窺い知ることができる。市長という立場上、さまざまな市民から「あの事件はどうなりまっしゃろ」と聞かれていたに違いない。

ところでその七月一日、師団側と府警察部が話し合いを続けている間、それぞれの出先機関である第八連隊と曾根崎警察署にも動きがあった。これまで曾根崎警察署は再三に亘って第八連隊長に会見を申し入れていたのだが、第八連隊側は「謝罪に来るというならともかく、〝会見〟とは何事であるか」とへそを曲げていたのである。そして第四師団と府警察部の交渉が決裂するのを待っていたかのように、七月二日、松田四郎（大佐）連隊長名で第八連隊は次のような声明書を発表した。

歩兵第八連隊の声明書

《中村一等兵に対する警察官吏の不法暴行事件の真相は既に明白なる事実で、軍人の名誉を傷つけたる重大な問題である。而して事件発生以来、本職は部下将兵の教育訓練に専念し一切の交渉を上司に依頼して居たのであるが、上司に於て非常な誠意と努力とを以て数次交渉を重ねたるに拘らず、府当局に於ては誠意の認むるべきものなく、為に交渉を全く不調に終わらしめたるは洵《まこと》に遺憾とする所である。

本事件の端緒が中村一等兵の不注意にありしとは云え、此の事件を重大性を帯ぶるに至らしめたのは軍服着用の現役軍人に対し、警察官が職務執行の範囲を越え、剰《あまつさ》え之に暴行を加へ、以て軍人の名誉を冒瀆せるに起因するものである。

新聞紙上に発表せる警察部長の談中に、本問題は一交通巡査対一兵士間の街頭に於ける単なる偶発事件なりと軽視するが如き、又は軍人の為特に設けられたる法規を無視したる言辞のあるが如きは皇軍の威信を冒瀆し、皇国独特の建軍本義を解せざるものとして頗る遺憾とするところである。

今回の事件は　上御一人の股肱として一身を君国に捧げて居る軍人の名誉を傷つけ之に暴行を加え治療約一ケ月を要する程度の負傷を負わしめたる重大事件なるに拘らず、之が責任の地位にある府及警察当局は本職に対し約半月に至る今日迄一言の挨拶もなく、また中村一等兵に対して一回の見舞すら為さざるが如きは道義の何ものたるかを解せざるものと疑わざるを得ない。之に反し中村一等兵と何等縁故のない人々から続々と同情を寄せ本人を見舞ひ且つ慰問せらるる真情の発露を見るが如きは、本事件に関して社会与論の趣く所を窺ふに十分であって、之に対し本職は衷心より感激措く能はず、茲に感謝の意を表する次第である。

将来不当なる警察官吏の行為に依って皇軍の威信軍人の名誉が冒瀆せらるるに於いては、之を擁護する為必要と認むる処置を取るの已むを得ざることあるべきを考えさせられざるを得ない。茲に光輝ある軍旗を奉じて部下将兵の統率と訓練の重責にある本職は皇軍の名誉の為敢て所信を披瀝する所以である》

この第八連隊の声明書については曾根崎警察署の高柳博人署長が新聞談話でこう反論している。高柳署長が事件の勃発した六月十七日に不在（岐阜の長良川で鵜飼を見ていた）だったことをひどく気に病んでその後の対応に当たっていたことは先にも少し触れたが、この頃から体調もあまり勝れなくなったようだ。その高柳署長の談話。

「松田連隊長が今日まで一言の挨拶もなく一回の見舞すらせぬのは道義に反すると声明されたそうですが、それでは全く事実と相違しています。私は事件当日署長として部下の仕出かした間違いに対し、事の正否は別として（まだ真相調査中であった）普通の儀礼上、相手方の長である連隊長に会って遺憾の意を表するのは当然と考え、まず順序として憲兵隊通じ面会を申込み連隊長の御都合を伺うたところ、その日は射的場におられ副官が代わって会うというので待っていたが、副官も都合で来られないといふので空しく引返し、第二回目には連隊長のお宅に上がるつもりで所を聞いて帰ったが足を運ぶこと三回、その間電話で再三都合を問い合わせてもいます。いろんな行き違いからとうとうお目にかかれぬうちに二十二日の声明発表となりつひに機会を失したもので、こちらとしては飽くまで誠意をもってやっていたつもりです」（七月三日付『大阪毎日新聞』）

叩き上げで曾根崎警察署長にまでなった高柳の律儀ぶりが表れている談話ではある。

翌日の七月三日、荒木貞夫陸相が来阪した。

三重県の国防協会発会式と国防兵器献納式典に出席した後、荒木陸相は午前八時十二分発参宮急行電鉄（いまの近畿日本鉄道名古屋線）で津駅を出発、大阪に向かった。前田秘書官、蒲《かま》第十六師団長、古城同司令部附少将などが一緒で、途中、八木駅で難波光造大阪憲兵隊長が乗り込みゴー・ストップ事件に関する真相と経緯、軍部として必要な今後の処置などを報告した。前にも少し触れたが、前年に起きた五・一五事件のとき難波光造は東京憲兵隊長を務めていたので、荒木陸相とはもちろん旧知の仲だ。同十時二十二分、列車が上六（大阪市天王寺区上本町六丁目の略称）に着くと、プラットフォームには寺内第四師団長と懸知事が仲良く肩を並べ、その右には粟屋警察部長、さらに少し離れたところに中村司令部附少将、佐藤第七旅団長、井関第四師団参謀長といった師団幹部が居並んでいた。荒木陸相は師団差し回しの自動車で上六から難波に移動、午前十時四十分、一緒に乗り込んだ井関参謀長とともに南海難波駅発列車で講演（国防協会発会式）のため和歌山に向かった。同道した井関参謀長は講演が終わったあと午後十時から宿舎の望海楼で荒木陸相にゴー・ストップ事件の報告をし、また指示を受ける予定になっていた。

なおこの日の朝、参宮急行電鉄で伊勢から大阪に向かう車中、荒木陸相は記者団にこう語っている。

「単に傷害問題だけを考えてみても、私憤で兵士に一ケ月の傷を負わせれば陸軍刑法で厳重処罰されるべきで、事情の如何を問わない。軍人は単に道を歩いていても、軍服を着用せるときは軍帽をアミダにかぶったり酔ってなくとも酔態の真似をすれば『軍紀』のため処罰されるのだ。これは何故であるか。いはずと知れた『軍紀』のためであり、『軍の威信』のためである。現役軍人の『軍服』に対して手をかけるだに不穏当であるのに、いわんや事実が軍部側の調査の通りであるならばこれ実に由々しき一大事であり、軍の建前からあくまでもこの点を徹底させなければならぬと思ふ。事件発生の当初から憲兵隊と警察官とで行った事実調査が食い違っているから解決に支障を来していると思ふが、軍部側から共同で調査しようというのにどうして白紙に返って府の方も再調査をやれないのだろう。これまた甚だ不審ではないか。

問題は師団長が処理して地方的に解決できると思って任せていたが、いよいよこれをこれからどうするか。先ず状況報告を十分聞いた上で軍務局長に命じ早速調査に取りかかる考へで、問題が問題だからここまで来れば必要となれば『最後の腹』も決めようし、やる段になれば大いにやるよ。まあ暫く静観していてくれ」（七月四日付『大阪毎日新聞』）

仲介役を降りた憲兵隊長

荒木陸相は「やるときはやる」と強調していたが、本心はあくまで地方的に、つまり大阪だけの問題として処理できればそれに越したことはないと考えていたようだ。大阪憲兵隊の難波光造隊長を途中の奈良まで同道させたのもそのためで、列車内では難波隊長から事件の詳しい報告を受けると同時に、事態収拾に向けてさらに努力せよと指示した。

帰阪した難波憲兵隊長はその足で粟屋警察部長を訪ね、荒木陸相の考えを伝えたうえで粟屋警察部長の意向を聞いている。さらにそのあと検事局に和田良平検事正を訪問してその考えを尋ねている。また七月五日には懸知事と知事官舎で秘密裏に会談、その直後には警察部長室で再び粟屋警察部長と面談。

その七月五日、寺内師団長が和歌山に荒木陸相を訪ね、事件の状況を説明、どうしたらいいか指示を仰いだ。このとき荒木は「できるだけ地方的に解決するように。しかし万策尽きてもなおかつ解決しない場合、皇軍の威信のため、中央部としても適当の処置を講ずる」と述べたといわれる。

そして翌六日、こんどは懸知事が上京、山本達雄内務大臣に面会している。十三日に帰阪した懸知事は「内務大臣はじめ本省、警保局の首脳部たちに会い、これまでの軍部との交渉経過を報告した。本省側では問題は地方的に解決すべきだとの意向で、中央で考えているのもだいたい大阪の考えと同じであった」（七月十四日付『大阪毎日新聞』）と語っている。

「地方的に処理すべき」とはいうものの、いよいよ荒木陸相と山本達雄内相という、軍警それぞれのトップにまで事件は波及してしまったのだ。

大阪ではなおも難波憲兵隊長の調停が重ねられていた。十六日の午前中には五十嵐特高課長が難波の命を受けて粟屋警察部長を訪問している。しかし軍と警察の間の溝は埋まらず、難波憲兵隊長は最後の望みを託して翌十七日に懸知事と面会したが、やはり不調に終わった。府側が折れな

山本達雄内務大臣

いのだ。

難波憲兵隊長はもはやこれまでと十七日午後、師団側に「折衝絶望、手を引くほかなし」と伝え、仲介役を降りた。

師団側はこのことを直ちに京都府下長田野で歩砲連合演習統裁のため出張中の寺内師団長に無電で報告、さらに井関参謀長、金子法務部長、石井外事主任、五十嵐憲兵隊特高課長らが協議、師団声明を発表することを決め、午後四時、飛松副官が井関参謀長署名の交渉打ち切り文書を府の粟屋警察部長に手渡した。

さらに「被害者」中村一等兵の代理として本吉、柏原両弁護士らが曾根崎警察署の戸田巡査を相手取り、不法暴行傷害侮辱事件としてまず大手前憲兵分隊に告訴状を提出。同分隊では直ちにこれを受理、現場検証、戸田巡査の喚問、中村一等兵の臨床尋問などを行い、一件書類を完備させたうえで事件を大阪地裁検事局に送ることになった。なお同検事局が地裁から独立、地検になるのは戦後だ。

この間の事情について、角田忠七郎著『憲兵秘録』(鱒書房)では憲兵の立場からこう書かれている。


「……憲兵隊では、事件の紛糾を予想して、現場証人の聴取書作成に取りかかった。ところが市内の者はいずれも警察側に自分の名を知られることを恐れて、容易に証言をする者がなく、証人の探索は極めて困難である。しかし、現場の目撃者の中から、旅行者で警察側の余りの仕打ちに憤慨し、進んで証人になることを申し出た者が五名もあった。それに、辛うじて憲兵自ら探し当てた四名を加えて、九名の証人を得た。そしてこれら九名の供述はすぐ役に立った。すなわち七月十七日中村一等兵は、本告訴弁護人外一名を代理人として大手前憲兵分隊に暴行事件を告訴した。そこで憲兵隊では証人の供述を証拠として、同月二十一日、一件の書類を整えて、大阪地方裁判所検事局に送った」

いよいよゴー・ストップ事件は法の裁きに委ねられることになったのだ。

師団が発表した声明書は以下のとおり。書き写すのも骨が折れるが、この事件は一面、メディア（新聞）を介した〝声明合戦〟なので、致し方ない。読みにくいので句読点を補った。

《去る六月十七日天六事件突発以来正に一ケ月、この間師団当局においては成るべく速かにかつ地方的に事件の円満なる解決を計るため誠意を披瀝し、条理を尽し、最も公正なる態度をもって府当局と数次にわたり折衝を重ねたるも、府当局の態度においてその誠意を疑はしむるものあり。ために昨今に至り交渉遂に停頓するに至り、本事件は一兵対一巡査の街頭における単なる偶発問題として軽視するものあるも決して然らず、殊に本問題の解決が将来に及ぼす影響の重大なるを思ひ、今日まで隠忍自重せる師団当局は道義と責任の観念を異にする府当局を対象として更に折衝を重ねるの無益なるを認め、ここに一切の交渉を断念するに決意せり。おもふに今回の事件は名誉を生命とする軍人に対し無理解なる警察官吏が越権の行為を敢てし、これに忍ぶべからざる侮辱を加えたる不祥事件にして、過般歩兵第八連隊長松田大佐の声明は概ね師団当局の意の存するところを尽しありといへども、なおこの機会において重ねて本事件に対する所信を開示せんとす。

一、中村一等兵が不注意のため交通信号機の標示に気づかず道路を横断せんとしたるは交通取締規則に抵触するものとして、本事件が同兵の不注意に起因せるは師団当局の遺憾とするところなり。

二、戸田巡査が現役軍人たる中村一等兵に対し説諭の目的をもってこれを巡査派出所に連行せるは警察官吏の職務執行の範囲を越えたるものなり。蓋《けだ》し現役軍人の非違行為に対する説諭は軍部自体において行ふものべきにして、軍事警察機関として特に憲兵を設けある所以なり。

三、前項戸田巡査の行為を仮に容認するも連行の方法当を失し、従順に連行を承諾せる中村一等兵に対し不必要な強制力を加へ白昼公衆の面前において忍ぶべからざる侮辱を与えたるは周知の事実なり。かくの如く警察官吏の粗暴なる行為が一般民衆に対して行はれた場合においても人権を蹂躙しその名誉を毀損せるものたること勿論なり。況や名誉を生命とする軍人、特に軍服着用の現役軍人に対してをや。しかるに警察当局はこの明白なる名誉毀損の事実を否認するのみならず、これをもって警察官吏当然の職務執行なりと強弁するが如きは失当の甚しきものなり。

四、民衆保護の任にある警察官吏が殊更に派出所内便所脇において人権を蹂躙せる暴行を敢てし、崇高なる兵役義務のため現に服役中の軍人に対し重傷を負はしめたるにかかはらず一府の警察行政を主宰する当局の責任者が「敢て陳謝の必要を認めず」と放言するが如きは道義の何物たるかを解せざるものとして、この事実より推せば警察官吏のこの種不法取締に忍び泣く幾多無辜の良民あるなきやを思はしむ。

五、事件発生以来、府当局が新聞紙上に公表せる言辞中には不穏当と認めらるるもの多々あり、就中ここに看過すること能わざるものは警察首脳が責任をもって公表せる「軍隊が陛下の軍隊なら警

郵 便 は が き

お手数ですが
切手をお貼り
ください。

１０２－００７２
東京都千代田区飯田橋３－２－５
㈱ 現 代 書 館
「読者通信」係行

ご購入ありがとうございました。この「読者通信」は
今後の刊行計画の参考とさせていただきたく存じます。

お買い上げいただいた書籍のタイトル

ご購入書店名

書店　**都道府県**　**市区町村**

お名前

〒
ご住所

ＴＥＬ

Ｅメールアドレス

ご購読の新聞・雑誌等　**特になし**

上記をすべてご記入いただいた読者の方に、毎月抽選で
５名の方に図書券５００円分をプレゼントいたします。

本書のご感想及び、今後お読みになりたい企画がありましたらお書きください。

本書をお買い上げになった動機（複数回答可）

1. 新聞・雑誌広告（　　　　　　）2. 書評（　　　　　　）
3. 人に勧められて　4. SNS　5. 小社HP　6. 小社DM
7. 実物を書店で見て　8. テーマに興味　9. 著者に興味
10. タイトルに興味　11. 資料として
12. その他

ご記入いただいたご感想は「読者のご意見」として匿名でご紹介させていただく場合がございます。

※新規注文書↓（本を新たにご注文される場合のみご記入ください。）

書名　　　　　　　　冊	書名　　　　　　　　冊
書名　　　　　　　　冊	書名　　　　　　　　冊

ご指定書店名

書店　　都道府県　　市区町村

ご協力ありがとうございました。
なお、ご記入いただいたデータは小社での出版及びご案内やプレゼントをお送りする以外には絶対に使用いたしません。

察官も陛下の警察官でこの点は同じだ」との言辞なり。素より八千万の吾同胞は悉《ことごと》く陛下の赤子たらざるなきも、警察首脳者のこの言は、吾が国民の周く諒得しある皇国独特の建軍本義と警察制度の間には根本的差異の存することを無視せる甚しき暴言なり。

これを要するに今回事件の直接原因は師団当局においてその非違を認めある如く、中村一等兵の不注意に因る交通違反なりといへども、これを理由として戸田巡査の越権並に名誉毀損の行為を許容し得るものにあらず。即ち現役軍人に非道行為ありたる場合、警察官吏がいかなる取扱をなすも悉くこれを適法なりとする警察当局の誤れる観念は師団当局の断じて承認する能はざるところにして、飽くまで反省を求めたる点となりとす。

以上述べたる如く、警察官吏の越権、侮辱及び不法暴行行為並にこれに関係する警察当局の言辞は軍人の名誉を傷つけ、延《ひい》ては皇軍の威信を冒瀆せるものとして軍部の最も遺憾とするところなり。

憲兵当局においてもまた今回の事件を飽くまで地方的に解決せんとする熱意をもって府当局との折衝に当り異常な努力を傾注せるに拘らず、両者の間にも前述の如き道義責任観念を異にするものあり。ために不幸にして意見の一致を見る能わざるに至れるをもって軍部は独自の立場より軍の威信と名誉擁護のため必要と認める手段を講ずるの已むなきに至ることあるべきは特に国家非常時の今日、軍部当局の最も苦慮し且つ遺憾とするところなり。しかれども森厳たる軍律の下に在る軍人は一面において臣民として国法に従ひ警察権を尊重すべきは素より当然のことにして、各部隊長はこの趣旨によりそれぞれ部下の教育指導に任じあるは勿論なり。

本事件の不幸なる犠牲者中村一等兵は今回の事件発生と同時に既に告訴の決意を固めありしも円満なる解決を期待し、これを抑制しありしも事態かくなれる以上、最早抑制の要なきに至れるをもって本事件の事態を闡明《せんめい》（注・明らかにすること）ならしむるため、ここに公正なる司直の解決を仰ぐこととなれり》

「誠に遺憾」と警察部長

井関師団長はこの声明文とともに、粟屋警察部長に対し、

《第四師団　副丙第二二四号
警察官不法暴行ニ関スル件通牒
昭和八年七月十七日　第四師団参謀長　井関隆昌
大阪府警察部長　粟屋仙吉殿》

とする公文通牒を行った。

内容は、「戸田巡査に対し警察側が減俸処分にしたとの通牒を受けたが、派出所外における戸田巡査の行動も左記の通り不穏当なものなので、将来また同じような不祥事を引き起こさないよう厳に注意してほしい」というもので、「万一、現役軍人に違法行為があったときは速やかに所轄憲兵隊または所属部隊に通報してもらいたい」というもの。

「左記」として通牒文はこう書かれている（原文の送り仮名は片仮名）。

《一、現役軍人（召集中の在郷軍人を含む。以下同じ）の非違行為に対する説諭は軍部自体に於て行ふべきものにして、警察官吏が説諭の目的を以て現役軍人を派出所に連行するは職務執行の範囲を超えたるものと認む。

二、派出所連行を仮に認容するも、連行の為警察官吏の採りたる手段は穏当を欠き且甚しく粗暴にして、白昼公衆の面前に於て当該軍人に侮辱を加へ軍人の名誉を毀損し引ては皇軍の威信を冒瀆せるものと認む》

つまり、今回の事件で警察官の取った態度は不法で許容しがたいものであり、再びこうした事態になるのを避けるため、今後はどんな小さな事でも速やかに憲兵隊か所属部隊に通報せよ、というのだ。兵隊に関することなら、たとえ立ち小便であろうといちいち報告しろということで、声明文のおまけというか、だめ押しというか、井関参謀長ののぼせ方は相当なものだ。

第一章で紹介したように、大正九年に当時の大阪府警察部長と大阪憲兵隊長の話し合いで「兵隊のことを一から十まで憲兵隊に報告するのは無益で、重大事件以外は憲兵隊に報告する必要はない」と合意しており、これまでもその合意に沿って諸問題を解決してきた警察部はこれに対し激怒、「申し合わせ破棄だ」と強く軍部を批判した。

粟屋警察部長が敬虔なクリスチャンであることは先に触れた。粟屋は毎朝必ず聖書を開いて読み、

栗屋仙吉と家族たち

その後出勤するのが日課だが、事件発生後はそれまで以上に、まるでむさぼるように聖書を読み込んだという。そのうえで、やはり譲れないものは譲れないと決心を固めていた。

この頃の栗屋仙吉について、後に幸代夫人がこう回想している。

「毎日夫を送り出すごとに、きょうは無事に帰れるかと心配した。〈あすは命をもらう〉というような脅迫状がやまの如く舞い込んだ。しかしそれと同じくらいの多くの感謝激励の手紙が届いて、栗屋を慰め励ましました。しかもその手紙は脅迫状のつたない文章、文字に比べて、名文達筆のものが多かった」(『栗屋仙吉の人と信仰』津上毅一編、待晨堂)

この幸代夫人も広島で被爆、昭和二十年九月七日に死去している。享年四十二歳だった。栗屋家では仙吉・幸代夫婦のほか、次女の康子(二十歳)、三男の忍(十三歳)も被爆死している。康子の場合は東京から駆けつけて母の看病にあたったことによる二次被爆だった。さらに、たまたま広島に遊びにきていた仙吉・幸代夫婦の孫(坂間家に嫁いだ長女・素子の娘)である絢子(三歳)も原爆の直撃を受けて死んだ。

信仰に加え、こうした激励の手紙が支えになったのか、師団側の声明に対する栗屋警察部長の談話はきわめて冷静である。

「今回、軍部では声明書を発表されたようであるが、私はこれに応じ対抗的に多くを語ろうとは思いません。今回の事件がなるべく円満なる解決をするよう希望し、誠意をもっていろいろ折衝してきましたけれども、一面警察権の執行の将来に悪影響を及ぼすことを考慮し譲るべきものは譲り、譲り得ぬものは譲らなかったためついに一致点を見出すことが出来なくなり、従って円満なる解決に到達できなかったことは洵《まこと》に遺憾であるが、しかしこれまた万やむを得ざる次第であります。

繰返していうようになりますが、あの場合中村一等兵が交通規則に違反し、なほもこれを続行せんとし、しかも憲兵の指揮以外警察官の指示には従わぬといふ事を主張したような態度に対して、戸田巡査の執った行動は職務執行上まことにやむを得ざるものであって、決して皇軍の威信を冒瀆したものとは考えられない。私の言辞についていろいろ批評があるやうですが、私は帝国の軍隊、帝国の警察官ともに大切なものであるということをいったもので、その点では今日でも別に私の考えが間違ひであるとは思っていない。

最後に今回の事件の解決のため難波大阪憲兵隊長はじめ憲兵隊の当局がいろいろ熱心に斡旋されたことについては多大の感謝の意を表するものであります」（七月十八日付『大阪毎日新聞』）

警察署長入院

その難波憲兵隊長は三日後の二十日、調停が不調に終わったことについて、新聞にこんな趣旨の談話を出している。

「将来、累の残らないように解決しようと、終始及ぶ限り努力しましたが交渉は決裂、やむなく告訴を受理しなければならない事態になってしまいました。まことに遺憾に堪えません。むろん、私は軍人として軍人の名誉がいかに崇高であるかを知っていますが、同時に警察部側の立場についても十分の理解を持っており、かつ本件の内容は無論のこと両当局と交渉して直接間接、終始関係していた行きがかり上、いいたいことは山ほどありますが、成就しなかった今日においては敗軍の将として何事も語るを欲しません。今後は公正な司法当局において事実の筋道と黒白が決定されることと思います」(七月二十一日付『大阪毎日新聞』)

ところで交渉が決裂したこの七月十七日、粟屋警察部長にとってもう一つ気になる出来事があった。六月末から体調不良に悩んでいた高柳博人曾根崎警察署長が大阪大学病院に入院したのである。病名は胆石ということだった。高柳は「こんなときに病気になり申しわけありません」と粟屋に詫びたが、事件の処置をめぐる心労が原因になっているのは間違いないと思われた。

また七月二十日、戸田巡査に関する新たな事実が発覚し、これも粟屋警察部長を悩ませた。警察部との対立が深刻化するや、大阪憲兵隊は戸田巡査に尾行をつけ、身辺を徹底的に洗っていた。

その結果、戸田巡査の戸籍上の姓が「中西」であることを探り出した。戸田忠夫巡査は事件前の昭和八年二月三日に中西マツエと入夫婚姻、つまり入り婿になっていたのだ。

憲兵隊はすぐに戸籍謄本を取り寄せて事実を確認、戸田巡査本人が巡査服務規程を無視したことを問題視し、さらに警察当局の責任も追及した。

戸田巡査は昭和五（一九三〇）年から中西マツエと内縁関係を結び、同年七月、大阪府巡査を拝命した。翌六年に長男が誕生したものの二年間役所に届けず、同八年二月に次男が誕生したのを機にようやく入夫婚姻の届けを出し、このときに長男の出生届も行った。

この出生届遅延のため戸田巡査は五十銭の科料処分に付されているのだが、問題視されたのは入夫婚姻で戸籍上の姓は「戸田」から「中西」に変わっていたのに、それを勤務先である警察に届け出ていなかったこと。巡査服務規程では「妻を娶り、または養子となりもしくは入夫せんとするときは、その婦、または養家、もしくは入夫先、および媒酌人の住所氏名職業を詳記し、あらかじめ所属長の許可を得るべし」となっており、これに違反している。さらにその間、公務上行った即決処分・告発状作成などは旧姓の「戸田」巡査名だから、これは公文書偽造に相当するというのだ。

粟屋警察部長はすぐ「これはゴー・ストップ事件とはまったく別個の問題」だとし、今井警務課長は「直ちに正式届出手続きを取らせるとともに内部処分を行う」として、数日後、中西巡査を所属長戒諭とした旨発表した。

このことは七月二十一日の各紙で報じられ、たとえば『大阪毎日新聞』では「ゴー・ストップ事件の戸田巡査は戸籍上存在せぬ人物　今春入夫婚姻して立派に『中西』姓　それを無視して前姓を名乗っていたぬき差しならぬ奇怪事！」などと大事件のような扱い方をしている。

さて中村一等兵の告訴を受理した大阪憲兵隊大手前分隊は七月二十一日、事件発生以来捜査してきた関係書類とともに告訴状を大阪地方裁判所検事局に送付した。憲兵隊から送付された書類は告訴状、捜査状況書、認知状況書、憲兵上等兵小西新三郎報告書、同人聴取書、陸軍歩兵一等兵中村政一診断書（二通）、同人聴取書（第一回と第二回）、高田善兵衛（第一回～第四回）・山田為次郎・河尻四郎・亀田里子・堀福二・出口広明・石外光広・下西幸一・高井葱一各聴取書、憲兵上等兵田中末松調査復命書、実況見分書、住吉区役所に対する戸籍照会案、同回答などなど多数。また事件発生以来大阪憲兵隊本部、大手前憲兵分隊、歩兵第八連隊がそれぞれ受け取った一般人からの投書総数二百八十一通も参考資料として送付した。この中には事件現場で目撃したと思われる人の投書四十九通も含まれている。

一方警察側も、藤原監察官が事件当時監察員室で調べた戸田巡査の聴取書や調書などの一件書類を検事局に提出した。

これら一件書類を受け取った検事局では二十一日、和田良平検事正が真野次席検事、福尾検事などを検事正室に呼び、関係書類を中心に今後の捜査方針を協議。主任検事は福尾弥太郎検事に決定した。

検事局では七月二十四日午前九時過ぎ、天六交差点の実地検証を行った。現場に集まったのは福尾主任検事とその書記、警察部側からは時松曾根崎署司法主任、金光交通部長、阪野、古川両司法係、大阪憲兵隊側からは角特務曹長、奥田曹長、それに事件発生直後天六交番署に駆けつけた小西上等兵ら。

福尾主任検事は憲兵隊作成の現場見取り図面と首っ引きで中村一等兵が横断しようとした市電軌道前の車道地点や中西（戸田）巡査が注意をしたという新京阪前の交通信号機地点を確認、それぞれの位置関係も巻き尺で計測した。また交番内における殴り合いについても詳しく状況確認した。炎天下での検証は三時間半にも及び、終わったのはお昼の十二時四十分過ぎ。この日は月曜日だが、天神祭の宵宮ということもあって多勢の人が町に出ており、ゴー・ストップ事件の現場検証だというので黒山の人だかりだった。

ついでなので紹介しておくと、毎年七月二十四（宵宮）、二十五日（本宮）に行われる大阪天満宮の天神祭は千年の伝統を誇る夏の大祭で、京都の祇園祭、東京の神田祭とともに日本の三大祭といわれている。ことに二十五日はこの祭の圧巻である「船渡御」が行われ、催太鼓《もようしだいこ》や地車囃子《だんじりばやし》など賑やかこのうえない。

その二十五日、前日の実地検証に続いて大阪地裁検事局は告訴人である中村一等兵を召喚した。中村一等兵は六月十七日、事件発生以来大阪衛戍病院に入院、左耳鼓膜裂傷などの治療を行っていたが、この日満四十日ぶりに退院、軍服に着替えたあと歩兵第八連隊差し回しの車で久方ぶりに営門をくぐって隊長以下に挨拶、その後第六中隊長・時任大尉に付き添われて再び車で検事局に向かった。

中村一等兵への聴取は検事局本庁三階の調べ室で行われ、告訴理由を詳細に聞き取った。聴取は午前九時から昼の十二時まで、昼食を挟んで夕方五時頃まで、計七時間にも及んだ。大阪地裁検事局の前は堂島川であり、船渡御の賑やかな催太鼓や地車囃子の音がよく聞こえる。それを聞きながらの聴取だった。

その翌日は中西忠夫巡査が検事局に呼ばれた。

福尾主任検事の召喚取調べを受けるため、被告訴人である中西巡査はお昼の十二時半に検事局に入った。中村一等兵と同じ三階の調べ室である。中西巡査はまず、中西姓に改まっていたのに改称の機会を逃し、つい戸田姓のままでいたことを説明し、次に問題の告訴内容、中村一等兵との殴り合いまでの経緯についてくわしく説明した。

信号は赤になっていて一般人はストップしているのに、中村一等兵だけが無視して北から南へ斜めに車道を横断しようとしたので二、三回注意したものの「憲兵のいうことしか聞かない」と言う。そこで説諭しようと肩を押して交番へ連行した。交番には多くの通行人が集まってきていたので奥の休憩室へ入ると中村一等兵は「生意気な」と中西巡査の胸倉を取ったので、つい中村一等兵の横っ面を二回殴った、と認めた。ただし中村一等兵は襟首をわしづかみにされたと申し立てているが、そんなことはしておらず、ただ中村一等兵の肩を押して派出所に向かっただけである——。

相変わらず両者の供述は食い違ったままのため、取調べは同日夜十時まで、実に九時間半ぶっ続けで行われた。中西巡査もさすがに疲労困憊した様子だった。

漫才のネタに

交渉が決裂、問題がさらに泥沼化したこの間、大阪市民はゴー・ストップ事件を大いに面白がっていた。そもそもが「反権力」の町であり、警察は嫌いだが軍隊も嫌いだという人が多かった。そしていかにも大阪らしいのは、この事件をネタにした漫才が続出、みんなで笑い飛ばしていたのだ。

その一つ。

「結局は、交通信号機が自動式になったから、待ったなしで事件が起きた。ほなら、信号機にどっちが正しいか、ついでに赤か青を出してもろうたらよろしいがな」

もう一つ。

「ゴー・ストップ事件なあ。

あれ、天六の飲み屋の親父が仲直りさしよってんとう」

「フーン、府会議員や検事はんでもテコにあわなんだのに、ようまあ」

「〝上官（上燗）〟の命令には弱いわなあ」


大阪で事件が漫才のネタに使われたことは、今井久警務課長（当時）が前掲書『証言・私の昭和史②戦争への道』（聞き手・三國一朗）でもこう語っている。

「―この事に対する一般市の反響を、今井さんはどういうふうにおつかみになっていましたか

今井　この事件の起きる前年の七年頃から、日本の国内情勢が非常に険悪化しているわけですね、東京ではいろんな事件があり、しまいには五・一五事件で犬養総理が暗殺されるというようなことですね。国際的にもいろんな事件が起きている。
しかし大阪は、その当時は割合になごやかであったんですが、しかし師団と大阪府が正面衝突して対立したと言う事で、大きく新聞でも取り上げられていますから、大阪市民の間では大変な話題

桐生悠々

になったわけですね。市民からの投書は、はじめは警察のやり方がけしからんとする人が多かったのですが、次第に事情がわかるにつれて警察がんばれという、軍の横車を非難する声が多くなりました。

――なにか漫才にまでなったとか。

今井　ええ、漫才にもなったんですね（笑）。私ども、事件の渦中にある者は、ややもするとね、その中でものを考えますから、もっと広く考えなきゃいかんというので、一般の世論というようなことについていろいろ気をつけとったわけです。で、そのうちには漫才にも事件のことが取り上げられる。（笑）漫才を聞きに行った者の話によりますと、どっちも悪いわけではないんだ、それは結局、交通信号機が悪いんだというような……。（笑）」

この事件は大阪だけで話題になっていたのではなく長野あたりまでも聞こえたらしく、『信濃毎日新聞』の社説で、反ファシズムで知られる桐生悠々が実に的確、かつ辛辣なことを書いている。

桐生悠々は明治六（一八七三）年石川県生まれのジャーナリスト。官界・実業界を経て記者生活に入り、『下野新聞』、『大阪毎日新聞』、『大阪朝日新聞』などを経て『信濃毎日新聞』主筆に。その後退社して衆議院議員立候補して落選、昭和三（一九二八）年、再び『信濃毎日新聞』の主筆に戻った。その後悠々は昭和八（一九三三）年八月十一日付の社説で有名な「関東防空大演習を嗤ふ」を書き（後述する）、軍部の逆鱗に触れて社を追われるのだが、このゴー・ストップ事件に関する記事はそのおよそ一カ月前の七月七日付紙面である。
長くてとても全部は紹介できないため、ごく一部を抜粋した。社説のタイトルは「大阪に於ける進止事件の一教訓」である。

「大阪に於いて、一交通巡査が、電車の踏切に於いて『止れ』の信号を出しているにも拘らず、偶《たまたま》この命令に従はずして、この踏切を横断せんとする一兵士を発見し、当然にも、これに一制裁を加へたる事件は、その相手が兵士、特にこの軍国時代の一軍人であったが為、問題はとんでもない方面に発展せしめられ、常識を以て当面すれば、一笑話として、かたづくべきはずであったものが、結局軍隊と警察との衝突問題として取扱はれるに至った。府警察では、この一事件に伴ふ警官の、誰しもかくの如き場合では、職務に忠実なる餘りに、動《やや》もすれば演出されたであろう取扱の間違を知り、この警官を処罰したにも拘らず、師団側では、尚軍隊の威厳を傷つくるものとして承知せず、結局いずれにか訴えて、この問題を最終的に決定せんとするまでに、この問題は、一時重大化するに至った。(中略)

□

何人も、公的生活を持つと共に、私的生活を持つ。軍人と雖《いえど》も、もとよりこの例には漏れない。彼が軍隊として、又軍隊の一員として、公的生活的に行動するときは、それこそ『陛下の軍人』であり、直接に『統帥権』下にあるが故に、無論警察官などの命令には服従しないのみならず、これを妨ぐれば、彼は、彼等は、この警察官を叩き殺すでもあらう。（中略）だが、彼が、彼等が軍隊を離れて、一兵士として、即ち私的生活的に行動するときには、私たちは、従って警察官も、これを一普通人として取扱はねばならない。何ぜなら、若もこの場合、警察官の命令がこれに及ばないとするならば、そして彼が、彼等が、交通巡査の命令に服従しないで、強ひて電車の踏切を突破するならば、彼は、彼等は電車の為に、轢殺される危険がある。この場合、交通巡査が、これを『陛下の軍人』であり『統帥権』下にありとして、言いかへれば、これをタブーの対象として、彼を、彼等を見殺しにするといふ如きは、『尾生の信』と同様、非常識の甚しきものといはねばならない」

「尾生《びせい》の信《しん》」というのは、橋のたもとで恋人と待ち合わせした尾生という男が、川が氾濫したにもかかわらずその場所で待ち続け、結局溺れてしまったという中国の故事から、「バカ正直」、「融通が利かない」という意味で使われる。

「皇国」を支える「皇軍」の軍人だからといって、また「統帥権」下にある神聖なる軍人だからといって警官が見逃せば、その軍人は電車に轢き殺されてしまう恐れがある。だからこの場合、軍人は警察官の命令に従わなければならない——というのだ。たしかに理屈である。

桐生悠々は前年の五・一五事件でも軍部を批判している。さらにこの「大阪に於ける進止事件の一教訓」、そしてその一ヶ月後の「関東防空大演習を嗤ふ」と軍部批判が続いていたことが軍部を怒らせ、ついに退社することになる。

告訴人のアラ探し

先に憲兵隊が戸田(中西)巡査の身辺調査を行い、巡査服務規程違反の事実を探り出したことを紹介したが、同じように警察もまた中村一等兵のアラ探しに躍起となっていた。

七月二十七日の夜、藤原侃治警察部監察官は曾根崎署に出張、西川寅松警部とともに二階の特高室に陣取り、全市内の各警察署に電話で中村一等兵の過去の交通違反事例について調査するよう指示した。中村一等兵は昭和四年四月三十日、大阪北区の網島署管内で、座席のない四輪馬車の前方に乗っていた廉《かど》で一円の罰金を科せられたことがあることがわかったので、他にも交通違反事件を起こしていないか、すぐに調べよという内容だ。

藤原侃治は明治三十二(一八九九)年、岡山県生まれで、東京帝国大学政治科卒業後、千葉県の保安特高課長や岐阜県経済部産業課長などを経て大阪府警察部監察官になった。このとき三十四歳である。

藤原の指令で監察室全員が動員されて各警察署を督励、ご苦労にも翌日未明まで夜を徹して報告をまとめた。

その結果、中村一等兵は入営前に計七回の交通違反を起こし罰金刑に処せられていたことが判明した。

中村一等兵は昭和三(一九二八)年から入営する昭和七年までの間、父親の政吉と一緒に馬力曳き(馬車曳き)をしており、その間に荷車営業取締違反などの交通違反事件を起こしていたのだ。具体的には次のとおり。

昭和三年八月二十日　科料一円（中津署）
昭和三年十二月二十日　科料一円（中津署）
昭和四年五月八日　科料一円（網島署）
昭和五年七月十日　科料一円（中津署）
昭和五年七月十七日　科料二円（大和田署）
昭和六年六月二十九日　科料一円（中津署）
昭和六年九月九日　科料一円（今福署）

父親の政吉もこの間、三回の交通違反を起こし科料（罰金）を払っている。

警察側はこの事実を検事局に送付した。警察としては中村一等兵が交通規則違反の常習者だということをアピールしたかったのだろうが、いずれも取るに足りない微罪である。藤原監察官は「この調査は決して中村一等兵の過去における非行をあばくことが目的ではない。そうした泥仕合的な意思は毛頭なく、これによって中西巡査の当時の行為の妥当性を裏付けんがための参考資料だ」と述べたが、どう見ても軍部に対する対抗措置・嫌がらせで、苦しい言い訳だ。

藤原監察官以下、府下全警察署が中村一等兵のアラ探しに没頭した七月二十八日の午前十一時五十五分、阪大病院に入院・加療中だった高柳博人・曾根崎警察署長が死去した。享年四十六歳。出身は長崎県で、性格は真面目かつ温順。部下からも慕われた。明治四十四年に巡査を拝命、以来コツコツと実績を積み、金森警察部長時代の昭和七年一月にいったん依願免官になったが、同年八月、粟屋警察部長の来任とともに復帰、曾根崎署の署長を務めていた。それだけに粟屋警察部長にとっても彼の死は残念だっただろう。死因は肝硬変と胆嚢炎。ゴー・ストップ事件の深刻化を気にやみ、それが病気の引き金になったとされる。事件の最初の犠牲者である。

事件当時、曾根崎署で署僚警部（現在の次長）をしていた井上良太郎はその後警視になり、大阪府内数カ所の署長や警察部課長を歴任、最後は内務省に出向して終戦を迎え、戦後は郷里の岡山県英田郡東粟倉村に戻って六期二十四年間の長きにわたって村長を務めた。その井上良太郎は後日、ゴー・ストップ事件についてこう述懐している。

「あの日、高柳曽根崎署長は他出して不在であった。私が事件のことを聞いたのは、かねて要人警護などで面識のあった菊池憲兵少佐が署にきて抗議したからである。早速天六の派出所に電話で問い合わせ、戸田巡査からはじめて報告を受けた。これは事件を見ていた市民が警察にいわず憲兵隊に先に通報したためであった。

その日の夕刻には、この件で緊急署長会議が開かれ、署長の代わりに私が出席したが、内容は事件の善後策が中心だった。署長はその後過労等で入院し、やがて亡くなった。私は次の増田署長が発令されるまで署長代理を命ぜられ、円満解決に向かって努力したものである。

当時、大阪府警六千人のうち岡山県出身者の警察官は一割近い五〜六百人を占め、また府下六十余の署長のうち岡山出身者は十名近くいたし、その他の警部、警部補、巡査部長などの幹部についても断然岡山県人が押えていた。

戦前『天皇陛下の警察官』という言葉がよく使われたが、これは天皇陛下の軍人に対抗して言われ出したもので、のちには特権を笠に着た言葉と非難されたが戦時中には清貧に甘んずる良い言葉として警察官自身に誇りを持って使われたものである」（『岡山県警察史・下』（岡山県警察史編纂委員会編）

第四章　泥沼

松島争闘

第一章でも少し触れたが、以前から大阪では警官と軍人の喧嘩沙汰がけっこう多かった。中でも有名なのが明治十七（一八八四）年一月四日に大阪・松島遊郭で起きた事件。

松島遊郭（「松島新地」とも呼ばれる）は明治元（一八六八）年十二月に設置許可が下りた遊廓（色里）で、地域開発、遊所整理、風紀取締りの〝一石三鳥〟を狙った「国策」から生まれた。現在の本田二丁目・九条一丁目あたりにできた桜の名所でもあるこの遊郭は、明治十（一八七七）年の西南戦争景気以来急速に発展し、西南戦争の翌年には娼妓は千人を超えた。最盛期の明治二十七（一八九四）年には三千二百人になったというから大変な人気だ。客筋は兵隊が圧倒的に多く、〝軍人様御用〟の趣が強かった。

兵隊というのは大阪鎮台の兵隊で、明治四（一八七一）年に設けられた鎮西（小倉）、東北（石巻）、東京、大阪の四つの鎮台の一つだったが、二年後、徴兵制が施行された後は東京、仙台、名古屋、大阪、広島、熊本の六鎮台になり、明治二十一（一八八八）年に師団に移行した。ゴー・ストップ事件の大阪師団、つまり第四師団の前身なのだ。

その鎮台兵の客が多かった松島遊郭で明治十七（一八八四）年一月四日、兵隊と警察官の大喧嘩が勃発した。南北を通る「桜筋」は正月休みの軍服姿の兵隊で賑わっていたが、午後三時頃、西警察署の巡査が桜筋の北側にある仲之町を巡回していると、いい天気のはずなのに上から「水」が降ってくる。何かと思って見上げてみると酔った兵隊がニヤニヤ笑いながら二階の欄干から放尿している。避けようと移動すると、兵隊もそれに連れて動いてなおも放尿を続けた。登楼中の鎮台兵だ。

怒った警官は二階に駆け上がり兵隊と押し問答になった。兵隊は「酔っていてわからない」というが、故意であるのは明らかだった。そもそも道路への放尿は規則違反なので、「ちょっと来い」と連行しようとしたら、連れの十数人の兵隊がどっと二階から駆け下りてきた。多勢に無勢、危うしと感じた警官はすぐ近くにある交番に助けを求めた。

「やったっ！」という怒声が響き渡り、こんどは遊廓中に繰り込んでいた鎮台兵が千四百人も集結、それを見てさらに警察側が非常呼集をかけ、六百余人が押っ取り刀で駆けつける。廓の二階はこの大喧嘩を一目見ようとする遊女で鈴なり。馴染みの女の金切り声に発奮する兵隊もいて、女にいい所を見せようとして抜剣したため双方が白刃を振り回す修羅場となった。

そこへ駆けつけたのが前年三月に創設されたばかりの大阪憲兵隊百余人で、これも乱闘に加わり、もうしっちゃかめっちゃかの事態になった。

実はこれには伏線がある。四日前の大晦日、ホロ酔いの兵士三人が大坂城にある鎮台前の交番で警官に時間を聞いたところ、言葉遣いのことから喧嘩になり、三人の兵隊は巡査をボコボコに殴ったうえ帽子を奪って鎮台内に逃げ込んだ。

その翌日の元日に今度は南区の順慶町で、次いで二日には東区平野町で、双方が複数ずつで殴り合う事件があり、兵士・警官はお互いに報復の機会を待ち構えていたのだ。

それというのも兵隊がやたら威張り出したのが原因で、西南戦争で薩摩隼人を負かしたというので鼻息が荒くなり、また時の陸相・山県有朋も「天皇の軍隊」という考えを兵士たちに強く吹き込んだ。明治十一（一八七八）年十二月には「軍令権は天皇の大権」だとして政府の支配を離れた参謀本部を設置、さらに明治十五年一月には「軍人勅諭」を発布し、いよいよ軍人たちは「俺様たちは天皇陛下の股肱である」と増長し始めたのである。

一方、当時の警察官は青雲の志を抱いて都会に出てきた旧藩出身の若者が多く、武士的な一徹さを持ち、仕事熱心な青年が多かった。威張り散らす軍人に対しても「法は曲げられぬ」とする正義感が強かった。

この騒ぎを聞いて大急ぎで現場に急行したのが警部長（いまの府警本部長）の大浦兼武。大浦はこの騒ぎを鎮台参謀長・佐藤正中佐宅で聞いた。大浦は予備役陸軍中尉でもあり、この日は陸軍の正装で年始回りをしていた。一計を案じた大浦は軍服のまま馬に跨がり、松島遊廓にまっしぐら。軍・警双方が白刃を振り回す中を馬で乗り付け、これまた抜刀すると自慢の大声で双方を怒鳴りつけた。

これに驚いたのが兵隊たち。師団長の命令で週番士官が乗り込んできたものと早合点し、どどっと後ずさり。一方の警官たちも驚いて馬上の人物を見ると、こはいかに、自分たちの上司である。この大浦の機知で二時間にわたる大ゲンカはようやく収まった。兵士側は即死者二人、重軽傷者四十数

大浦兼武

人。警官側にも重軽傷者十数人が出た。

損害の大きかった鎮台側は大浦の軍服問題を取り上げて猛烈に非難、警察側も正当防衛を主張して譲らなかった。大浦は警視庁から大阪に赴任していたのだが、すぐに上京、山県有朋に会って釈明、山県の諒解を得た。山県はこのときの会見で大浦の才能を評価し、のち大浦を内務大臣に抜擢している。事件そのものは陸軍、内務省とも譲らず、結局は司法裁判で争われ、警察本署の永田警部、西署の岩田警部ら十数人は「巡査を指揮して軍人を傷つけた」として禁固七年の判決を受けた。兵士たちは軍法会議に回されたが、その処分は軽かった。軍閥の暗黒時代は早くも頭をもたげていた……。

以上は大阪読売新聞社編『百年の大阪』（浪速社）に載っている「松島争闘」を紹介したものである。当時の軍人と警察官の仲がいかに悪かったか、よくわかる。

大浦兼武は嘉永三（一八五〇）年生まれで、このとき三十四歳。薩摩藩士・大浦兼友の次男で、明治政府が警察制度を導入するや邏卒小頭を振り出しに警保局主事にまで出世した。その後島根県、山口県、熊本県の知事を歴任、明治三十一（一八九八）年に山県内閣が発足するや警視総監に。以後、逓信大臣、農商務省大臣、内務大臣などを務めた。大正三（一九一四）年の三月の総選挙で猛烈な選挙干渉を行い、また同年七月に選挙違反が明らかになったことで職を辞した。

もう一つ例を紹介する。

これは大阪ではないが、ゴー・ストップ事件とほぼ同じ時期に広島・福山市でもまったく同様の事件が起きている。事件を報じたのは昭和八（一九三三）年六月十八日付の『中国新聞』。六月十八日というのは大阪でゴー・ストップ事件が起きた翌日だ。

福山歩兵第四十一連隊の中隊長代理・小笠原隆一中尉は私服姿で福山市のカフェーに泥酔して訪れ、乱暴を働いたので、福山署員四人が急行、保護検束したが、その夜一時頃、酔いが醒めた小笠原中尉から「自分は現役の将校だ」との申し出があり、警察では憲兵分隊に連絡、彼を引き渡した。単なる泥酔検束だったのだが、これに軍部側がイチャモンをつけた。

田島連隊長が松井福山警察署長に「連隊まで謝りに来い。現役将校を検束するのは越権行為であるし、青年将校たちは署長の陳謝および責任者の処罰を望んでいる」というのだ。これに対し松井署長は「署長として陳謝すべき筋合いのものではない。部下はもっとも適切な方法を取ったのだから、これを処罰することはできない」と反論した。この福山歩兵第四十一連隊と福山署の対立は先鋭化し、第五師団の耳にも入った。そこで第五師団の副官と広島憲兵隊長が事件の真相を明らかにするため十七日、福山市に到着した。

この件についての加藤広島憲兵隊長のコメントが同紙に載っている。要点だけ抜粋するとこんな内容だ。

「福山憲兵隊における中尉の陳述によれば、最初から身分を明らかにしているということだ。それならまず憲兵隊に照会して確かめるのが順序だろう。それを直ちに行わず三時間も検束するとは言語道断。いったい、現職軍人は天皇直属のもので、他の権力、たとえば警察権の如きものの介入を絶対に許さない。統帥権は絶対に不羈独立のものなのだから、この点は警察当局のみならず世間一般もはっきり認識してもらわなくてはならぬ。警察当局で現役軍人、即ち統帥権下にある人間を抑留したのは明らかに統帥権の侵害であり、まことに不都合千万だ」

ゴー・ストップ事件の際の井関参謀長や寺内師団長の言い方とほぼ同じと言っていい。

現場検証

第四師団と大阪府警察部の対立は、中村一等兵が中西（戸田）巡査を相手取って訴訟を起こすという形で大阪地方裁判所検事局の手に移され、いよいよ司直の裁きに委ねられることになったわけだが、その検事局の取り調べは順調に進んでいた。当事者二人（告訴人・中村一等兵と被告訴人・中西（戸田）巡査）の事情聴取のあとの八月四日には二回目の現場検証が行われている。予定では八月三日だったのだが、雨のため一日順延されたのだ。

この日の現場検証は朝六時から行われた。暑さを避けるため、また出勤ラッシュ（当日は金曜日）にぶつからないようにという配慮からである。

ところが天六交差点には二時間前の早朝四時から見物人が押し寄せ、中村一等兵・中西（戸田）巡査両名で事件を再現する現場検証が始まる頃には六～七百人にまで膨れ上がった。このため検事が群衆の渦に巻き込まれ、しばしば立ち往生した。

中村一等兵には歩兵第八連隊の時任中隊長が、中西巡査には時松曾根崎署司法主任が付き添い、現場検証は七時十分まで行われた。両者の証言によると、天六街頭における行動に関してはほぼ一致していたが、天六派出所内の暴行問題については相変わらず食い違ったままだった。

二日後の八月六日、またもや軍部・警察双方を緊張させる出来事があった。六日午後三時半頃、大阪南区千日前の市電踏切で、ゴー・ストップ信号の「赤」を無視し、島之内署・中辻巡査の制止も聞かずに三人の兵士が突破したのだ。歩兵第三十七連隊の兵士だった。警察側および大阪憲兵隊からの報告で第三十七歩兵連隊は驚いた。ゴー・ストップ事件のきっかけが兵士の信号無視だったから、時節柄、神経質にならざるを得なかったのだ。三人は同歩兵連隊第三中隊の所属で、すぐ小山同中隊長による取り調べを受けた。

その結果、三人はいずれも中国・天津派遣部隊に属しており、原隊帰還後これが初めての外出で、天六事件を知らなかったのはもちろん、交通信号機の知識もほとんどないことがわかった。しかし、だからといって無罪放免にすることはできず、「在営以来、天津派遣中で、大阪の信号標示機は知らないという点、情状は酌量するが、交通道徳に悖《もと》る点は規律を第一とする軍人として看過できない」として即日三兵士を重営倉の重罰処分とした。

この第三十七歩兵連隊は第八歩兵連隊と同じ第四師団を構成する部隊の一つで、創設は明治二十九（一八九六）年十一月二十日。明治三十七（一九〇四）年三月、日露戦争に参戦、翌明治三十八年に凱旋した。以来、朝鮮半島、台湾、青島、天津等の守備任務に就いており、三人はその天津に派遣中だった。この事件の第一報を報じた昭和八年八月八日付『大阪時事新報』の見出しは「凱旋兵とて信号を知らず」となっている。

すでに日本は昭和六（一九三一）年に中国東北部（満州）に突如侵攻し始め、翌昭和七年、つまりゴー・ストップ事件の前年には早くも満州国を建国（三月）、さらに独立を承認（九月）している。三人の兵士の信号無視は小事件ではあるのだが、新聞の「凱旋兵」という言い方に日中戦争、太平洋戦争に向かいつつある時代の空気が反映されているし、また交通信号機についての知識が帰還兵にはほとんどないこともわかって興味深い。

なお第三十七歩兵連隊には、のち参謀本部作戦課長として昭和十八年～昭和二十年にかけての陸軍のほとんどの作戦を指導した服部卓四郎（一九〇一～一九六〇）も陸士（第三十四期）卒業後、歩兵少尉として配属されている。

福尾主任検事を中心とした大阪地裁検事局の捜査はおよそ二週間で終了し、福尾主任検事は和田検事正に報告書を提出した。

和田良平検事正は明治十一（一八七八）年、島根県に生まれ、同三十五（一九〇二）年に和仏法律学校（現在の法政大学）を卒業、判検事試験合格後は長崎、平戸、長野、東京、大阪などの各裁判所検事、さらに岡山、神戸の各地裁検事正を経て大阪地裁検事正になった人物。大阪は二度目で知己も多い。趣味は菊作りという風流な一面もある。

福尾主任検事から報告書を受け取った和田検事正は判断に迷った。裁判で黒白をつけると、軍部か府庁かのいずれかが傷つくことになり、それはできれば避けたい。なんとか双方を握手させる方法はないものかと思案を巡らせていたのである。

そこで和田検事正は本省（司法省）の判断を仰ぐため一件書類を携えて上京することにした。八月十三日である。

和田は十四日午前、大審院に林検事総長を訪ね、金山次席検事も同席のうえ、天六交差点の現場地図を広げて事件の発端から訴訟に至るまでの経緯を縷々説明した。会談は午前十時に始まり、二時に終了したが、なおも協議の必要があるとして翌十五日にも行われた。十五日は司法省にも出向き、皆川次官、木村刑事局長に事件の内容を説明した。

和田が二日にわたって面会した林頼三郎検事総長（一八七八〜一九五八）は横浜専門学校（現在の神奈川大学）設立者であり初代校長。検事総長に就任したのはゴー・ストップ事件の前年の昭和七年だ。林は大審院長を経て昭和十一（一九三六）年、広田弘毅内閣の法相になっている。辞職後は勅選貴院議員、枢密顧問官、中央大学学長などを歴任した。

司法当局の指示を受けた和田検事正が帰阪したのは十八日の朝。出迎えた記者団に和田は次のように語っている。


「二日くらいの予定だったが、とうとう五日になってしまった。司法当局と協議の結果、問題が重大であり、双方とも相当こじれているので、裁断が双方に及ぼす影響甚大なるに鑑み、なお慎重に研究して終結へ臨むことに決定した。急いで事を仕損じると困るし、まだ相当の日数が必要だろう。双方、面目論に発した問題だが、あまりにこだわっては却って維持せんとするものを失墜する恐れはないだろうか」（八月十九日付『大阪毎日新聞』夕刊）

結局は未発表になったのだが、実はすでにこのとき検事局の捜査結果が出ていた。昭和四十九（一九七四）年～昭和五十（一九七五）年にかけて渡辺忠威・警察大学教授（肩書は当時）が四回にわたって『警察学論集』（警察大学校編）に連載した『いわゆる「ゴー・ストップ事件」始末記』にその内容が紹介されている。

〈第四師団歩兵第八連隊第六中隊陸軍歩兵一等兵中村政一ヨリ大阪府曾根崎警察署詰交通係巡査中西忠夫ニ対スル侮辱陵虐傷害告訴事件（所謂「ゴー・ストップ事件」）捜査ノ結果左ノ如シ〉という報告書がそれだ。長文なので重要部分のみ引用文で、他は要旨を紹介する。

報告書は一から四までの事項について報告しているのだが、最初に「事件の真相」をこう述べている（要旨）。

〈告訴人の中村一等兵は天六交差点で突然禁止線を越えて車道内に入った。これに気づいた被告訴人の中西忠夫巡査はメガホンで「歩道に引返せ」と注意したが中村一等兵はこの警告に従わず、さらに赤信号を無視して道路を横断しようとした。「あれほど注意したのにわからないのか」と中西巡査が制止すると、中村一等兵は「俺らの取締りは憲兵がする。お前らのいうことが聞けるか」と放言しつつまた電車軌道内に入ろうとしたので、中西巡査は説諭の必要ありと認めて「待て」と叫び追跡、中村一等兵の背後から右手で右肩を、左手でその左腕をつかみ、軌道上より中村一等兵を押し出した。中村一等兵は「みっともないから（手を）放せ」とこれを振り切って両者向かい合う形になったので、中西巡査は右手で中村一等兵の胸襟をつかみ歩道上に引っ張っていったところ、襟首のホックや前ボタンが外れた。「別に逃げ隠れしないから放せ」と中村一等兵がいうので、中西巡査は手を放し、中村一等兵の背中を時々押すようにして派出所に連行した。

しかし派出所に入ると双方とも極度に興奮、休憩所の扉が閉まるや否や口論を始め、かつ互に殴りあって、その結果被告訴人は告訴人に対し左耳鼓膜裂傷など全治一ケ月の傷を、また告訴人も被告訴人に全治約一週間のケガをさせた〉

報告書はこうした事実を挙げたあと、こう指摘している。以下は原文で、送り仮名は平仮名に直してある。

《告訴人の前述の如き交通違反の所為あることは関係人の供述に依り明瞭にして、その所為は道路取締令第二条第一項第二十七条、交通取締規則第三条第一項第九十七条に該当し、その情軽からざるものと認む。

被告訴人は告訴人を派出所に連行する際、単にその背後より肩口を押しつつ連れ行きたるに過ぎずしてその肩口を摑み若は胸襟を摑みたることなしと否認すれども、目撃者の証言により前述の如く認定したり》

また派出所内の格闘については両者「相手が先に手を出した」としているが、目撃者がいないため、これは水掛け論で、「真相はわからない」としている。

未発表資料を偶然発見

ここでは中村一等兵の交通違反は明らかであること、また中西巡査は連行の際、中村一等兵の肩や襟首をつかんだことはないと主張しているものの、これは目撃者の証言で事実であり、中西巡査の主張は認められないとしている。

報告書が二番目に取り上げているのは「巡査は交通違反者に対し説諭を加えるという職権を有するのかどうか、また説諭の目的で被諭者を他の場所に連行するのは適法なのかどうか」という点。

これについてはこう報告書に書いている。

《必要の限度を超越せざる限り、連行に際し多少の実力を加へ得ることは法の許容するところなりと断ぜざるを得ず》

《被告訴人のとりたる行動は多少穏当を欠けるやの点なきにあらざるも、告訴人を連行するに付必要やむを得ざる措置と認む》

連行したときの中西巡査の行動は、多少行き過ぎの面はあるものの、基本的に職務執行権の範囲内である、としたのだ。

また軍人は特別であり、一般人とは区別されるべきだとの中村一等兵・軍部の主張に対してはこう断じている。

《特別の法規なく単に軍人たるの一事に依り市井に於る行為に付一般民衆と異り警察上の取扱を受くべき謂れなきを以て予防警察の目的に出でたる本件に於ては、結局前述の如く決すべきものと思考す》

軍人だからといって一般人と区別して特別扱いする必要はないとの判断だ。さらに三番目の項目になるといっそう中西巡査に有利な判断になっている。

《告訴人は前示連行に依りその名誉を毀損せらりたりと主張すれども、前述の如く被告訴人のその際に於ける行動を適法なりと認むる以上、右は職務執行の必然的結果なるを以て犯罪を構成せざるものと認むるを相当とす》

中西巡査の取った行動は職務を執行する上で適法であり、したがって中村一等兵の主張する「名誉毀損」には当たらないというのだ。

そして最後の四番目の報告事項は派出所内の殴り合いについて。

《被告訴人の行為は職務の執行に関するものと認むるに難く、従ってまた告訴人に公務執行妨害の所為ありと謂うを得ざるべし。只相互に相手方に対する傷害罪の構成を認むべきのみ》

怪我をさせたのはお互いさまだから、この点に関しては双方に傷害罪が適用されてしかるべきだとしている。

以上、全体として検事局の判断は中西巡査、つまり警察にきわめて有利な判断だったのだ。

和田検事正が調停者として活動し始めたのは、なんとか司法の場以外で決着をつけないとまずい——という思いからだ。報告書の内容はきわめて妥当な司法判断だが、それでは師団側が納得せず、悪くすれば師団側の攻撃の矛先が司法当局に向かう可能性もあり、円満解決はもはや不可能になるかもしれないと危惧したのだ。和田検事正はそうした思惑から精力的な調停活動を開始する。

その内容を紹介する前に、こういう貴重な資料がなぜ渡辺忠威・警察大学教授の手に渡ったかを少し説明しておきたい。『いわゆる「ゴー・ストップ事件」始末記』には、この他さまざまな重要書類が掲出されており、事件を知るための第一級の資料なのだが、渡辺教授が手に入れたのは偶然だった。

渡辺教授はある日、警察大学校附属図書館内のとあるロッカーに一包みの、丁寧に包装された物を見つけた。

開いてみると「ゴー・ストップ事件新聞記事切抜」と書いた『大阪朝日新聞』、『大阪毎日新聞』などの事件に関する記事が日付順に貼付されたものや、「ゴー・ストップ事件関係書類」と題する未公開らしい文書を含む各種文書、たとえば第四師団作成の文書、府警察作成の文書、さらには検事局作成の文書も入っていた。渡辺教授は連載の第一回目にこう書いている。

「私の推測に誤りがなければ、これらの文書等の原所有者は、どうも事件当時大阪（地裁）検事局の検事正で、直接事件解決に奔走された和田良平氏のもののように思われた。それがいつ頃か、何かの理由で、事件当時大阪管内の区検の検事であって、後年広島検事長に就任された故安井栄三氏の手に渡り、三転して当大学校に保管されることとなったものの如くである」

警察大学校は警視庁の附属機関であり、昭和二十三（一九四八）年、前身の警官練習所から大学校になった。東京都中野区にあったが平成十三（二〇〇一）年、東京都府中市に移転。

また渡辺教授が言及した安井栄三（一八九四～一九六五）は大阪市出身で、関西大学専門部法科を卒業後判検事採用試験に合格、最初の任官は地元大阪の地裁検事だった。以後、山口地裁検事正、名古屋地裁検事正、仙台高検検事長などを歴任、昭和三十一（一九五六）年に広島高検検事長に転任した。退任は翌昭和三十二年で、『新捜査読本』などの著書もある。この安井栄三・広島高検検事長からどういう経路で警察大学校に書類が渡って保管されたのかは不明だ。

ともあれ、この検事局の報告書は公表できない、つまり裁判沙汰にはできないと判断した和田良平検事正は、前述のようにまず上京して司法当局に相談、諒解を得て帰阪後直ちに調停に乗り出した。

検事正の和解勧告

大阪に戻った和田は翌日、早くも光行次郎に会っている。

光行次郎（一八七三～一九四五）は佐賀県出身。東京帝国大学法律学科（英法）卒業後、大阪地方裁判所検事、神戸地方裁判所検事正、大審院検事などを経て昭和四（一九二九）年八月から大阪控訴

院検事長になっていた。光行はのち検事総長、貴族院議員になっている。かたわら司法保護事業委員会の委員を務め、ことに少年保護事業に尽力した。

淡路島の洲本で静養中の光行に会った和田は東京での協議の結果を報告、またアドバイスを聞いたうえで、いよいよ調停に動き出した。

光行次郎

和田は「大阪地方裁判所検事正和田良平」の名で和解勧告を出すことにし、まず八月二十一日夕刻に粟屋警察部長と翌日の面談の約束をとりつけた。二十二日の朝九時には背広に白パナマ帽の粟屋警察部長が人目を避けるように北区若松町の和田検事正宅（官舎）を訪れた。会談は約三十分で終わり、粟屋警察部長は直ちにこの会談の内容を懸知事に報告した。知事室にはこのほか今井警務課長、藤原監察官らが集まり、午前十時から一時間かけて今後の対応を協議した。
和田検事正は粟屋警察部長を送り出したあと難波憲兵隊に電話、官舎に来ていただきたいと要請した。難波隊長は和田検事正との会談に先立って午前十時二十分からおよそ十分間、第四師団・井関参謀長と打ち合わせたうえ中村特高主任を同道して憲兵隊の自動車で検事正官邸に向かった。会談は十一時半近くまで約五十分間行われた。
会談終了後、難波憲兵隊長は直ちに師団司令部に赴き、師団長公室で寺内師団長、井関参謀長、石井中佐たちと勧告案に対する対応を協議、一時二十分に師団司令部を退去して午後二時半、再び和田検事正を訪問した。この間、午後一時半頃、中村一等兵の告訴事件に当たっている末吉弁護士が師団司令部で井関参謀長と面談している。にわかに動きがあわただしくなってきたのだ。

和田検事正と面談した難波憲兵隊長や粟屋警察部長などの談話は、二十三日付『大阪時事新報』によると、次のようなものだ。まず難波憲兵隊長。

「和田検事正に呼ばれて官邸に行き、事件の和解の打ち合わせをしてきたが、検事正との談話の内容はいえない。しかし検事正からぼくの腹案を聞かれたから、ぼくは従来抱いていた厳正中立的立場から実際の経緯・条件等を隔意なく話し意見の交換を行ったまでで、軍部の意向もなおいっそう聞いてみたい」

次に粟屋警察部長。

「和田検事正が円満解決を希望されているのは事実だが、内容については申し上げられない。警察部側としても円満解決ができれば願ってもない幸いです」

粟屋警察部長はさらに記者とこんな一問一答を行っている。

——一切を白紙に戻しての和解勧告であるか?

答 そんなことはない。警察部としては何から何まで譲るというようなことはなく、警察事務の執行を妨げられぬ——つまり従来の主張さえ無視されなければいいのだ。
——検事正はこれまで取り調べにおいてどちらに多くの落ち度があったというようなことは明言されなかったのか？
答　それは伝家の宝刀だからもちろんいわれなかった。ただ従来の取り調べの経過は話のうちに多少あった。
——これで問題が一瀉千里、急転直下解決に進むということは考えられるか？
答　それはわからん。ことに軍部の主張もあることだし、今日はただ検事正として和解を慫慂される意のあるところを拝聴しただけにすぎない。

そして最後に和田検事正自身がこう述べている。

「今日、警察部長、難波隊長と会談して、双方に事件円満解決、和解の意思あるや否やを確かめ、自分から和解勧告をしたが、その要旨は話せない。自分がこれを勧告するに至った動機は、軍・警察とも威信保持のため出発した抗争であるから、この抗争が続く限り双方とも威信を失墜することになる。双方ともその任務の重大性に鑑み、この際和解すべきだ。
検事局はすでに取り調べを完了し、いつでも起訴不起訴を決定する準備はできている。しかし決定だけでは争いが将来胎されて、双方いよいよ感情的になるのを恐れるがゆえに、自分は決定前に双方の再考を求めたわけです」

この勧告を受け、翌二十三日午前十時五十分、粟屋警察部長が大阪地裁検事正室に和田検事正を訪ね、「警察部としては異存なく、喜んで和田勧告に応じる」ことを正式に回答、さらにもう少し突っ込んだ和解の具体的条件などについて約二十分間会談、同十一時五十分に辞去した。

一方、第四師団司令部は「警察側の従来の態度を一変して誠意を示してもらいたい」こと、「この事件がうやむやのうちに葬り去られない」ことを和解条件にし、和田検事正との調整は難波憲兵隊長に一任することになった。二十三日午前九時四十分には師団の石井中佐が井関参謀長の代理として難波憲兵隊長を訪問、同隊長室で難波隊長および五十嵐特高課長と協議し、同十一時半、師団司令部に引き揚げて寺内師団長に報告、また出張中の井関参謀長にもこの旨を無線電信で報告した。井関参謀長は前夜から和歌山歩兵第六十一連隊の動員演習に統裁官として参加していた。

二十四日には軍、警察両サイドから勧告案に対する具体的な和解条件が示された。

まず午後二時には府警察部の今井警務課長が検事局の真野次席検事を訪ねて約一時間話し合った。かなり突っ込んだ話し合いだったようだが、今井課長は具体的な内容は漏らさない。

「真野次席検事には事件最初からの経過、取り調べの内容等について詳しくお話ししておきましたが、警察部側としては将来警察事務に支障を来すような点はいかなる事情があっても譲歩できない。軍部側の意向がまだわからないし、まだまだお話しするところまで行きません」

というのが今井警務課長のコメントだった（二十五日付『大阪毎日新聞』）。

軍部側も同日午後三時、難波憲兵隊長が自動車で若松町官邸に和田検事正を訪問、約三十分間会談した。軍部側の具体的な和解条件を示したものと思われるが、特に新聞社への談話は発表していない。難波隊長は帰隊後すぐ五十嵐特高課長、中林中尉を招き、およそ一時間半にわたり打ち合わせを行った。双方の具体的・細別条件はこれで和田検事正の手元に揃ったわけだが、この時点ではまだ両者の条件にはかなりの差があると見られていた。

軍が突如「声明」

和田検事正の和解勧告案の内容は今日まで不明のままだが、軍部のほうに不満と懸念があったらしく、同日夜、第四師団司令部は突如「検事局の勧告に対する軍部の意見」なる声明を発表した。この内容から逆に和田検事正の勧告案の中身が窺える。声明の内容は次のようなものだ。

「一ケ月にわたる行政的交渉が不調に終わり、やむなく司直の手に解決を委ねた。当事者間でまだ交渉の余地があるなら軍部は喜んで勧告に応じるつもりである」ことを示したうえで、「声明」は交渉がなぜ不調に終わったのか、改めて六つの原因を指摘した。

- 警察側は単なる街頭での偶発事件と軽視しているが、軍部は軍の威信に関する問題だと重視している。事件の見方がそもそも違っている。
- 府当局の態度に誠意を疑わせるものがあった。従来の態度を一変してもっと誠意を見せるべきである。
- 双方で道義と責任の観念が異なっている。府当局は紳士的態度で交渉を進めるべきだ。

• 府当局は事実の真相に触れることを避け、「双方互いに遺憾の意を表しあって将来を約する」如き形式を主張するのに対し、軍部はあくまで事実に立脚し、是非を決すべきである。事件をウヤムヤにすることは断じて承認できない。
• 警察権の執行に当たり不当な取り扱い、または理由なく暴行して、これをもって「警察権の執行上やむを得ない」とするなら、少なくとも軍服を着用しその身分を表象する現役軍人に対しては断じて認めない。
• 双方の事実調査が重要な点で齟齬し、かつ互いに自己の調査をもって真なりと主張した結果、ついに意見の一致を見なかった。司法当局においては一カ月余りにわたり慎重な審理を続けた結果、いまや事態の真相を把握されたと思われるので、これを両当事者に内示せられれば事件の解決は比較的容易であると信じている。

声明ではさらに七月十七日発表の師団声明書に言及、「現役軍人の行政警察法規違反者に対して警察官は説諭権はない」、「白昼公然と粗暴な扱いで軍人の名誉を毀損した」、「警察官の派出所内における暴力行為は断じて許せない」と改めて指摘したうえで、警察部長が新聞紙上に公表した言辞中、ことに「軍隊が陛下の軍隊なら云々」は甚だしい失言であること、府監察官が入営前の中村一等兵の前科に関する資料を新聞記者に提供し、かつ不用意な発言をしたことは同兵の名誉を傷つけたことなどを指弾している。

要するに師団側は「勧告に応じる用意はある」といいながら、実際は以前からの主張を繰り返し、警察側が大幅に譲歩しない限り妥協はしないといっているのだ。

この声明に驚いた和田検事正は頭を抱え、翌二十五日午前十一時、相談のため急きょ懸大阪府知事の官舎を訪れた。師団側の態度が依然強硬なので、府側がなんとか折れてもらえないだろうかというわけだ。約四十分の会談後、和田検事正は新聞を通じ「この非常時に際し、両当局がいつまでも紛糾を続けることはまことに遺憾なので、法の立場を離れ国家的な対局見地から進んで調停の労をとろうとするものである」との談話を発表した。

会談後の懸知事の談話はこうだ。

「検事正とお会いしてざっくばらんに事件の経過、双方の主張要点をお話ししましたが、その内容は例により申し上げられません。もちろん和解とか調停とかの具体条件にはまだ触れていませんし、当方の主張するところは従来となんら変化していませんが、検事正の今回の斡旋には最初から希望と喜びを持っています。必ずや円満に事が運ぶものと信じていますが、今日の会見で私が表面に出たわけではなく、ただ府庁側の長官としてお話ししただけです。なお検事正のご訪問に対する返礼の意味で、二、三日中にこちらからお伺いする考えです」（和田検事正、懸知事の談話はいずれも八月二十六日付『大阪毎日新聞』）

決着への青信号がまだ見えない中、この二十五日には井関参謀長から粟屋警察部長宛に思わぬ公文書が届いた。記念演習の交通取締りを〝お願い〟してきたのだ。公文書の内容はこういうものだった。

「来る九月十八日の思ひ出の満州事変二周年記念日に、意義深いこの日を国民に銘記せしむべく、府庁を中心に馬場より偕行社に至る大手前広場記念演習を実施するについては、同日午前九時より約三十分に渉り同広場通過の市電、バス前に一般通行人行通遮断及び交通取締方を宜しくご配慮願いたい」

この申し込みに対し、粟屋警察部長はただちに応諾、事件発生以来初めて軍・警察の「握手」が実現したというわけだ。

それにしても「思ひ出の満州事変二周年記念演習」には驚かされる。皇軍こそが日本を支えているのであり、国民はそのことを十分に理解せよ、というのだ。

他方、調停に苦慮している和田検事正は二十六日午後、夫人と子供、それに戊亥《いぬい》和歌山地裁検事正夫妻とともに高野山に登っている。第四師団側の思わぬ高姿勢に困惑し、自分も少し頭を冷やしたいという意味合いが強い小旅行だ。

高野山は和歌山県北東部に位置する、標高九百〜千メートル前後の山に囲まれた真言宗の霊域。山頂には真言宗総本山の金剛峰寺がある。前年の昭和七年四月に高野山電気鉄道と南海鉄道の相互乗り入れが実現し、大阪・難波から高野山間の直通運転が始まっていた。八月二十八日付『大阪毎日新聞』は「高野山発」として和田検事正の短いコメントを載せている。

「子供の夏休みも残り少なくなるし、遊びにやって来たのだよ。高野山はレヴュー争議といい、よく大阪の紛争を持ち込むが、これがみな解決がつくそうだから、ゴー・ストップ問題も双方が高野山に呼んで話したら納まるかも知れないね」

自殺した目撃者

ここで和田検事正の談話にあるレビュー争議について触れておきたい。当時ゴー・ストップ事件と並んで大阪市民の大きな関心を集めたこのレビュー争議、別名を「松竹桃色争議」といい、連日新聞紙面を賑わせた。

すでにこの頃「宝塚少女歌劇」は確固たる地位を築いていたが、その宝塚の成功に刺激され大正十一(一九二二)年に松竹楽劇団が創設された。道頓堀松竹座を拠点にした「春のをどり」などで人気は上がる一方だった。その間、東京でも東京松竹歌劇団が旗上げ(昭和三年)し、水の江滝子(ターキー)、津阪オリエなどが〝男装の麗人〟として若い女性たちの憧れの的になっていた。いわゆる「ロス疑惑」「疑惑の銃弾」事件(昭和五十六〜五十七年)の主人公として話題を集めた三浦和義(のち自殺)は水の江滝子の甥である。

こうして黄金期を迎えつつあったレビューに対し、警察はきわめて厳しく取り締まった。昭和五年には所轄の警察署を通じ、次のような取り締まり事項が通達されている。①舞踊・手踊り等にして、股を観客の方へ向け、継続的に露出するものは禁止、②舞踊・手踊り等にして、腰部を前後左右に振る腰の運動を主とするものは禁止、③ズロースは股下二寸ぐらいのものを使用させ、桃色は禁止、④背部は上体の半分以上を露出しないこと、⑤前部は乳房以下を露出しないこと、⑥肉襦袢を着し、曲線部を表すものは腰部を必ず覆うこと、⑦日本服の踊りは膝より上のズロースを用いること。

厳しい取り締まりの一方、レビューガールたちの待遇はよくなかった。給与は低く、出張手当は安い。また地方出張の際に宿屋で出される食事はお粗末きわまりない。舞台用の化粧品は白粉だけは会社からもらえるが、ルージュなど他の化粧品はすべて自己負担である。稽古から帰るのが夜半になったときの自動車賃も自己負担等々である。

そこで大阪では六月十九日、ゴー・ストップ事件が起きた二日後、飛鳥明子、若山千代子といったスターたちが松竹本社を訪れ、八項目にわたる待遇改善要求を提出、会社側の回答を求めた。そして会社の回答を不満として同盟罷業、つまりストライキに入ったのだ。

彼女たちは最初、大阪市中央区日本橋北詰の旅館に争議団本部を置いていたが、会社側の切り崩し工作を警戒して六月二十七日夜、突如高野山に登り、金剛三昧院に籠城してしまった。レビューガール五十一人、楽士十九人の計七十人である。真言宗の霊場・高野山は一気に大輪の花が咲き乱れたような華やかなものになり、大阪中の話題になった。六月二十八日付『大阪毎日新聞』は「桃色争議の新戦術　高野山に立て籠る」と大きな見出しで報じている。

この争議は結局、斡旋に乗り出した高野山の三老師の努力で七月八日、ようやく解決した。会社側が彼女たちの待遇改善要求を飲んだのだ。翌九日正午過ぎ、彼女たちは意気揚々と下山、応援組合員や家族など三百人とともに深紅の組合旗を先頭にして難波から南海通り、千日前をデモ行進、歌舞伎座（旧千日デパート）前で万歳三唱したものだ。

なお、大阪に先立ち東京でも六月十五日から水の江滝子を闘争委員長とする東京松竹歌劇団がストに入り、こちらは会社側の対応を不満として湯河原の貸別荘に籠城、七月十五日に解決した。浅草並木クラブで争議団の解団式が行われ、水の江滝子が検束されるなど、こちらも東京中の話題をさらった。

大阪では桃色争議のレビューガールだけでなく、一般の労働争議でも高野山に立て籠って抵抗、結局勝利する事例が多かった。ゴー・ストップ事件の真最中、海軍御用の大阪機械工作所に労働争議が起こり、ストライキ組は高野山に立て籠った。総同盟の西尾末広（労働運動家・政治家。一八九一～一九七三）なども大いに活躍したものである。仲裁に立ってこれを解決したのは、ほかならぬ粟屋警察部長である。

和田検事正の談話はジョークではあるのだが、何とか早く解決したいという彼の心中の一端を表しているともいえよう。つけ加えておくと、このレビュー争議に関しては、ゴー・ストップ事件で仲介者として名乗りを上げた辻阪信次郎・大阪府議会議長も一時和解斡旋に動いた。こういう事件を黙って見ていられない性分なのだろう。

ところで、高野山での和田検事正の談話が載った同じ日（八月二十八日）の『大阪毎日新聞』に、大阪市民をびっくりさせるスクープ記事が出た。

それは社会面トップの記事で、見出しはこうだ。

「ゴー・ストップ事件の目撃者が突如姿を隠す

軍部・警察・主家の板挟みからか

不審・高田善兵衛氏」

おそらく締め切り時間ギリギリに入った原稿なので取りあえず短く第一報を入れ、代わりに見出しを大きくしたものと思われる。新聞社ではよくあるやり方である。長い記事ではないので、句読点を補って全文を紹介する。

「世人の注目を集めているゴー・ストップ事件突発の際、大阪天六京阪前で偶然梅田四ツ橋行電車を待合せ中、事件の一部始終を目撃し警官と軍人との間に立って最初の仲裁者たらんとした府下三島郡吹田町土木請負業・納谷組（納谷富蔵氏）方止宿会計係高田善兵衛氏（四二）は、事件の推移につれ連日の如く憲兵隊と警察との双方から当時の事情につき目撃談の聴取りを受け、主人と軍部と警察との板挟みとなって悶々の日々を送りつつ事件が一日も早く解決するよう毎朝氏神泉園神社へ祈願していたが、去る三日、突然腹が痛むと称し店を休んだきり帰店せず、爾来同家で心当りを探していたが二十七日になっても判明せず、謎の行方不明となってしまった。右について富蔵氏は語る。

『高田君は十年前から会計事務をとっていますが、正直な男で、今度の事件には目撃者の一人として警察や憲兵隊から連日の如く人が訪ね来られ、裁判沙汰になってからは検事局へ証人となって呼出されていましたので、仕事の上で気兼をしていたようでした』

氏神の泉園神社というのは確認できなかったが、もしかしたら吹田市に古くからある泉殿宮《いづどのぐう》神社の間違いかもしれない。

それはさておき、七月三日に失踪した高田善兵衛はおよそ一カ月後の九月六日、国鉄吹田駅付近で轢死体となって発見された。飛び込み自殺である。警察や憲兵隊は少しでも自分たちに有利な証言を引き出そうとして尋問を繰り返したためノイローゼ気味になり、また事件が司法の手に移ったあとは検事局にも呼び出され、ほとんど自分の仕事ができなかったため責任も感じていたようだ。ゴー・ストップ事件は、こうして曾根崎警察の高柳博人署長に続く二人目の犠牲者を出してしまったのである。

第五章　決着

不穏な空気

八月二十四日に和田検事正が懸大阪府知事を訪れ、その〝答礼〟として懸知事が和田検事正の官邸に行ったのは四日後の二十八日。会談は午後三時から四時まで、二人だけで行われた。もちろん、懸知事の訪問は儀礼的なものではなく、「警察の執行権」に支障を来す和解には応じられないことを改めて伝えたものだ。

つまり、中西巡査が中村一等兵を派出所まで連行したのは正当な警察権の行使であり、これは単なる面目や意地の問題ではなくて警察としての信念の問題なのであり、断じて軍部には屈服しないというのだ。

もっとも、懸知事は新聞記者の質問に対し会談の内容は明らかにせず、こう語っている。

「今日（二八日）検事正を訪問したのはゴー・ストップ問題につき先日来訪を受けた答礼的意味において、いろいろ検事正にご心配かけているのでご挨拶に伺ったのです。従って、自然話は問題に触れたのだが、府側としては検事正のご好意を十分感謝するとともに、一日も早い円満解決を切望し、府側の真意、主張点、意見をよく諒解してもらえるようにお話ししました。内容に関しては例によって申し上げられないが、和解についての具体的条件にはまだ触れていません。そう簡単に片付きそうに思えないが、これにより解決へ向かって徐々に一歩前進しつつあることは言えます」

（八月二十九日付『大阪毎日新聞』）

一方の軍部側は、他は譲歩してもいいが、中西巡査の行動は警察権の執行範囲を超えており、これだけは認められないとしているので、事態はほとんど動こうとしない。

たとえば翌八月二十九日には難波隊長代理の大阪憲兵隊・五十嵐特高課長が午前九時に和田検事正を訪れている。約一時間の密談後、同十一時半より真野次席検事も加わって三人で話し合いを行ったが、八月三十日付『大阪時事新報』によると、途中、廊下に響き渡るほどの怒声が聞こえたという。午後二時、前後三時間半にわたる密談を終えた五十嵐特高課長は緊張した面持ちで引き揚げた。

和解に向かって前進しているどころか、なにやら不穏な空気になってきたのだが、案の定、九月五日になって師団側は「天六事件解決上の根本義に就て」と題する声明文を発表した。

これは四項目からなる声明で、要旨は次のとおり。

まず一番目は、「軍部はできる限り行政的に、円満に解決したいと望んでいる」ということ。

二番目は「軍部はいたずらに横車を押している」と批判されるが、決してそうではない。事実の真相と法理に立脚し、是を是、非を非とする公明正大な態度を貫いている。

三番目は「司法的裁断をすればどちらかが傷つき、面目がつぶれるから」として司法的解決を避けて〝手打ち〟すべしとの意見があるが、それは姑息なやり方であり、かえって禍根を残す。事実の真相に基づき是非曲直を明らかにすべきだ。

四番目は「理由なく時間を浪費し、事件をうやむやにしてはならない」ということ。それならばむしろ裁判で黒白をつけたほうがいい――というものだ。

この声明文に特に目新しいものはなく、従来の主張を繰り返しているに過ぎないが、検事局の勧告に対し「あくまで正義は軍部にあり」ということを強調したかったのだろう。

この軍部の対応を見て九月八日、こんどは和田検事正が動いた。同日朝、中村一等兵の告訴代理人である本吉、柏原両弁護士を検事局に招き、「中西忠夫ニ対スル陵虐侮辱傷害告訴事件ノ考察」という文書を手渡したのだ。

この文書は、第四章で紹介（一一六頁）した検事局の捜査報告書〈第四師団歩兵第八連隊第六中隊陸軍歩兵一等兵中村政一ヨリ大阪府曾根崎警察署詰交通係巡査中西忠夫ニ対スル侮辱陵虐傷害告訴事件（所謂「ゴー・ストップ事件」）捜査ノ結果左ノ如シ〉を基に作成されたもので、「事実ノ認定」、「説諭及連行権ノ問題」、「事実ノ総括的判断」、「結語」の四つで構成されている。

まず「事実ノ認定」だが、これは上記報告書の「一、事実ノ真相」とほぼ同じ。経過を述べたあと、①告訴人（中村一等兵）が交通違反を侵しているのは明白であること②被告訴人（中西巡査）が「中村一等兵を連行した際、初めは肩口を摑んでいたが、途中で手を離した」と弁解したがこれは目撃者の証言などから虚偽と認定する③派出所内での殴り合いは両者の主張が違っているが、目撃者がいないため真相は不明。相互に傷害を与えたとだけ認定する――としている。

次に「説諭及連行権ノ問題」。

この点についての要旨はこうなっている。

〈一般警察法令の順守義務に関しては、軍事上の要求に基づく軍事行動でない限り、特別の規定はない。従って現役軍人と一般人との間になんら異なるところがないのは法理上当然である。ゆえに、現役軍人であれ一般人であれ、警察法令に背いて注意・警告を受けたにもかかわらず従わないときは、巡査はその違反者に対し不法状態の排除、即ち危険予防もしくは危害除去の必要上、実力を用いてその状態を排除すると同時に、どこが法令違反に当たるのかを指摘して説諭を加えるのは容認されるべき権利である。

不法状態排除のために必要程度の実力行使しうるのは無論のこと、これに説諭を加え、かつ適当な場所に連行するのは行政警察法規執行の職務範囲であり、従って法規解釈上、巡査は市井において私的行動中の現役軍人に対し説諭及び連行の権限を有するものと断ぜざるを得ない〉

そして「事実ノ総括的判断」ではこのように述べている。

〈再三の警告を無視し、かつ赤信号なのに横断歩道を渡ろうとしたのは道路取締令第二条第一項

第七十二条、交通取締規則第三条第一項第九十七条に違反している。被告訴人が交通取り締まりに従事している巡査として反則防止・危害除去のために告訴人の肩口及び左腕を摑み車道に押し出し、次に前方から胸襟と右腕を摑んで歩道に引き出したのは必要、かつ急迫の事情あるものと認める。暴行または陵虐の行為であるとは認め難い。

また被告訴人が告訴人の背中を押して派出所に連行したのは説諭及び連行の権限に基づいた当然の行為である。第三者から見て多少穏当を欠く点なきにしもあらずだが、全般的に観察すれば職務範囲に属する行為である。

派出所内における格闘による傷害行為については、どちらが先に手を出したか判定できないため、職務に関係ない一種の喧嘩・闘争と認め、単なる傷害行為として刑事責任を負うべきものとする〉

最後の「結語」はこうなっている。

〈以上、これを総合的に考えると、本件告訴の事案については陵虐侮辱の罪は認め難く、ただ被告訴人が告訴人に対し治療約一ヶ月を要する創傷を負わしめたる傷害の罪を認め得るに過ぎず、これと同時に告訴人も道路取締令及び交通取締規則ならびに被告訴人に対する治療約一週間を要する傷害罪の成立あることは、これを否定し得ざる関係にあるものと認む〉

司法的には完全に警察側に分がある判定である。

和田検事正としては、「もし裁判になれば、こういう結果になります。だから和解勧告を出したのであって、軍部にはもう一度冷静に考えてもらいたい」との思いだったのだろう。

「声明書」を保留にした師団

この「考察」を受け取った本吉弁護士と同僚の柏原弁護士は同日午後一時半、大阪倶楽部にいた井関参謀長に会い、和田検事正との面談の様子を説明して「考察」を渡した。井関参謀長は検事局の「考察」を見て相当慌てたようだ。ただちに両弁護士を同道して司令部に戻り、松田歩兵第八連隊長、石井中佐、金子法務部長を招き六人による緊急協議に入った。終わったのは午後五時半。会談後、井関参謀長は石井中佐を通じ、こんなコメントを出した。

「本吉、柏原両弁護士より和田検事正との会談内容につき報告を受けた。ただいまのところ、如何なる話があったか秘密で、一切口外できない。ただし軍部の意見は従来となんら変化はない」(九月九日付『大阪朝日新聞』)

同日の『大阪朝日新聞』は、この軍部の動きを紹介しながら「何事か書類を作っている」とも報じているが、事実九月九日、形勢不利と見た第四師団は「『中西忠夫に対する陵虐侮辱傷害告訴事件の考察』を基礎とする天六事件解決意見」なる声明文を作成した。

その内容だが、まず「一、**説諭の問題**」と題してこう述べている。

《警察官吏、特に巡査が現役軍人たる警察法規違反者に対し警察権を以てする説諭は、司法的たると行政的たるとを問わず軍部は一律にその権限なきものと確認す。然れども検事局において本問題の解決が困難にして相当の時日を要し、ために爾他の問題の解決に障碍を及ぼすと認めらるるにおいては、事件解決促進上の一時的方便として左の二項を府当局が承認することを前提として、本問題の解決を他日に譲ることを承諾す

①警察当局は現役軍人に対してはその取扱を慎重にすべきは勿論、その権限の有無に拘らず職権を以てする説諭は自発的に之を行わざることとし、此の場合には速やかに所轄憲兵隊又は所属部隊に通告すること

（理由）

警察官吏の現役軍人に対する説諭権に就いては適法と認め難く、且つ将来にわたり軍部警察官の紛争を惹起すべき禍根をなすの虞《おそ》れあるのみならず、実際問題として見るも罰権なき者の行う説諭はその実効を収むること難きを以て、かかる有害無益の方法は寧ろこれを行わざるに若かざるを以てなり

②本事件の真相に即して考察するに、当時巡査のとりたる処置は明らかに越権の行為なりしこと

（理由）

本事件の真相に即し当時巡査のとりたる処置を考察するに、検事当局に於いても「〇〇〇派出所

に連行し、その非違に付き説諭を加え置くの要ありと為し云々」と認定せらる、これ明らかに当時の急迫事態に対する予防警察上必要なりし直接強制の目的を既に達しあるに拘らず更に之が延長として強制力を以て派出所に連行し説諭権を行使せんとするものにして、本事件に関する限りにおいては、現役軍人に対し巡査のとれる処置は明らかに職務執行の範囲外に出でたるものなるを以てなり

二、軍人の名誉毀損に関する問題

検事当局の認めたる如く、街頭に於ける巡査の処置は穏当を欠き、衆人環視裡に於いて軍人の体面、即ちその名誉を毀損せるものなり。警察当局は軍部に対し陳謝するの要ありと認む

三、巡査の暴行傷害に関する問題

巡査が説諭のためなりと称し現役軍人を派出所に連行しながら何等説諭的言動をなすことなく直ちに暴行を加えたる結果兵に重傷を負はしめたる事実に対しては、民衆保護の任にある警察当局として軍部に対し重々陳謝の要ありと認む

四、警察部長の失言問題

「軍隊が　陛下の軍隊なら警察官も　陛下の警察官で、この点は同じだ」の言は七月十七日師団の声明書にある如く軍部を侮辱せる甚だしき暴言なり。警察部長は「帝国の軍隊、帝国の警察官、

ありと認む

共に大切なものである」と弁解あるも、果たして然らば警察部長は失言として前言を取消すの要

五、監察官の前科暴露問題

監察官は七月二十九日附大毎夕刊紙上に不謹慎なる談話を発表せる事実は同官が既にその認定を承認せるところにして、この行為は刑法第二百三十条のいわゆる公然事実を摘示し人の名誉を毀損せるものなり。所属連隊に於ては中村一等兵の意志に基き既に告訴提起の準備中にして、本件を天六事件の付帯事案として軽く取扱うことなく、監察官は速やかに連隊長を通じて中村一等兵に対し陳謝するの要ありと認む（以下略）》

右の引用文で「陛下」の前に一字分のスペースがあるが、これは原文どおり。聖上に対する軍部の恐懼ぶりがよくわかる。

しかし実はこの声明文は公表されず、保留になった。なぜなのか。考えられるのは、このとき微妙な立場にいた荒木貞夫陸相との関連である。といっても、第四師団の寺内師団長と井関参謀長のコンビは、いってみればブレーキのない暴走機関車のようなもので、とてもボスである荒木陸相の立場を慮るというような繊細な神経はないと思われる。むしろ軍中央部、もしかしたら荒木陸相本人から「和田検事正に任せてあるのだから、しばらく自重してくれ」との要請があったのではないか。

というのもこの九月九日、荒木陸相は陸軍が苦心してまとめた「国策案大綱」を高橋是清蔵相に提

出している。午前九時半に蔵相官邸を訪ねた荒木陸相は、「大綱」に盛られた「満州問題」「支那問題」「対外関係」「教育問題」「思想問題」の各命題についておよそ四時間にわたって話し合った。要するにこれから続く〝国難〟を乗り切るため軍備増強がどうしても必要なのだから、きっちり予算を出せ、というわけだ。

荒木陸相はこう語っている。

「政府には是非誠意を持って諸政策を実行してもらいたいと思う。一九三五・一九三六年は如何なる時機にあるかということは改めて自分からいうまでもない。おそらく未曾有の国難だ。この国難に打ち勝って行くには挙国一致のほかはない。如何に立派な政策を樹てても実効せぬでは何の役にも立たぬ。もう調査や研究に没頭している秋《とき》ではあるまいと思う。実行だ。実行あるのみである。国民もほんとに緊褌いちばんしてくれねば困る」(九月十日付『東京朝日新聞』夕刊)

結論からいうと、荒木陸相は高橋是清蔵相にまったく歯が立たなかった。高橋の財布のヒモは固く、陸軍の要求には頑として応じなかったのだ。十月三日の五相会議(荒木陸相、大角海相、広田外相、高橋蔵相、斎藤首相)でも高橋蔵相は難攻不落で、陸軍の政策はほとんど通らなかった。荒木陸相の人気はこれ以降、急速に落ちて行く。一方、軍事費削減で財政健全化を図りたい高橋蔵相は軍部の軍事費拡大要求を飲まず、このため二・二六事件で暗殺される。

五・一五事件とチャップリン

高橋是清蔵相はこの年（昭和八年）の二月、荒木陸相を閣議で難詰している。こんな具合だ。

「『このごろのように、なんでもかんでも陸軍に引きずられているのは甚だけしからんことだ』と言うと、陸軍大臣が『輿論云々』『国論が云々』とかいうことを言い出したから、『今日の日本に、輿論とか国論とかとかいうものは全くありはしないじゃないか。ちょっとでも軍部に不利なことを言えば、すぐ憲兵が来て剣をガチャガチャやったり、拳銃を向けたりして威嚇する。言論の圧迫今日より甚だしきはない。現に九州のある新聞など、軍部に対して不利益なことを書いたとかいうので、飛行機で爆撃すると言って、事実社の上空を旋回して威嚇したそうだ。そうかと思うと、まるでスパイ政治のように憲兵が一々政治家を尾行したり、とにかく甚だけしからん状態である。試みに自分の所に来る新聞記者に、今日言論の自由と言うものはほとんど失われてしまったじゃないかと言ったところ、いや全くそうです。私達もまるっきり言いたいことが言えない状態です、と嘆いていたと言ってやったところ、陸軍大臣が色をなして『そんなことはありません』と言うから、『ないことはない。まあ君の精神は認めるにしても、実行が伴わないじゃないか。君の監督下にある憲兵が斯くの如き状態でどうするか』など、いろいろ言ってみたが、閣僚の中で誰一人として自分を支持する者はなかった』（原田熊雄述『西園寺公と政局』第二巻。岩波書店）

それだけに、荒木陸相としては大阪でも軍部がもめ事を起こしていると思われることは、どうしても避けたかったに違いない。予算に関わってくるからだ。

ところで、高橋是清の談話にある「九州のある新聞」というのは『福岡日日新聞』(現在の『西日本新聞』)のことである。当時の編集局長は菊竹六鼓(本名・淳。一八八〇〜一九三七)で、菊竹は五・一五事件後、六日連続で社説を書き、軍部を痛烈に批判した。桐生悠々と並び称される反骨のジャーナリストだ。

そのうちの一つを紹介してみる。昭和七(一九三二)年五月二十日付の「当面の重大問題」というタイトルの社説で、荒木陸相を名指しで批判している。同時に新聞批判も展開しており、これも注目に値する。


「……吾々の所見を以てすれば、先ず何よりも軍部首脳者自身、単なる口頭の辞令にあらずして、心から今回の事件に対し遺憾の意を表し、上陛下に対し奉り、下国民に対して、全責任を取りて寸毫の遺漏なき処置を取ることが先決問題であらねばならぬ。それ以外に軍部首脳者の取るべき処置はない筈である。事件発生後における海軍当局者の態度はほぼそれに近いということができよう。しかるに新聞紙は、荒木陸相始め、陸軍首脳者がしきりに後継内閣に関しとかくの注文をつけ、その主張を堅持して譲らず、為に政局の前途甚だ不安を告げつつあり、と報じている。勿論吾々は、その全部を事実として信ずるものではない。恐らくその間には幾多の誤解もあるであろう。誤報もあるであろう。けれども陸軍当局が、海軍当局と自ずからその態度を異にし、事件の善後策以外進んで政局の前途に対し、大に策動しつつあることだけは、厳然たる事実として認めなければならぬ。国民はこれを甚だ不快とする。陸軍当局者は何のいとまありて政治を語り、後継内閣を論ぜんとするか、陸軍当局者は昨秋以来、彼が如く、全国民を恐怖せしめたる、軍隊内部に於ける政治運動、革命的運動の一暴発としての重大にして複雑なる事件の前後を策して、果たして遺漏なきや否や。国民を満足せしむるに足るだけの処置を取りつつあるや否や。国民は何等それらしき報道に接する代わりに、荒木陸相始め、軍部首脳者の政治論を報ぜらるることを、甚だ以て不快とするものである（以下略）」

荒木陸相を難詰した高橋是清は安政一（一八五四）年生まれ。日露戦争では十三億円の外貨募集に成功、明治三十八（一九〇五）年貴族院議員に勅選された。その後横浜正金銀行頭取、日銀総裁を経て第一次山本権兵衛内閣、原敬内閣の蔵相に就任、大正十（一九二一）年十一月四日に原敬が暗殺されたあとは首相兼蔵相に。その後官職と爵位（男爵）を捨てて護憲運動の先頭に立ち代議士に初当選。昭和二（一九二七）年田中義一内閣の蔵相になり、以後、犬養毅、斎藤実、岡田啓介内閣の各蔵相を務め、大恐慌の破局から日本を救った。

ことに満州事変勃発後、政友会・犬養毅内閣が発足し、請われて蔵相に就任した高橋是清は、経済政策の柱としてまず金輸出再禁止に踏み切った。これには少し説明がいる。

第一次世界大戦が起きたため、金の国外流出を恐れた各国は軒並み金輸出禁止措置を取り、大戦終結後、アメリカを先頭に再び金本位制（金解禁）に戻った。しかし日本は大戦後の不況対策上、また大正十二（一九二三）年に関東大震災が起こったため、金解禁は手つかずのままだった。「為替相場の安定のために早期の金解禁を」という経済界の要請に応え、ようやく金解禁、つまり金本位制に復帰したのは昭和五（一九三〇）年一月。浜口雄幸内閣の井上準之助蔵相によって実現した。

しかし方法論の間違い（平価の基準価値を、足元の実体経済に合わせた「新平価」による金解禁にすべきだったのに、禁止前の平価「旧平価」にした）、さらに世界大恐慌の影響が日本にも波及してきた最悪のタイミングだったことが重なり、日本は猛烈なデフレに見舞われた。物価、ことに生糸や綿糸、米などを中心にした農産物価格が大暴落、失業の増大、国際収支の悪化などで日本経済は大打撃を受けた。井上準之助はこのため昭和七年、血盟団事件（後述）で暗殺される。

高橋是清はこうした情況を打破するため、まず金本位制の廃止を決めたわけだ。

高橋はさらにそれまでの緊縮財政から軍備拡張と農村救済を柱とする積極財政に舵を切り、景気刺激政策を推進した。その原資は赤字公債の増発で賄われ、赤字公債日銀引き受けの途を拓いた。

こうした経済政策により、日本の景気は著しく回復したが、やがて悪性インフレの懸念が強まってくると、高橋は軍事費抑制による財政健全化を目指す。財政政策を「巡航速度」に落としたといってもいい。そのため際限なく軍拡要求をする軍部に恨まれ、前述のとおり昭和十一（一九三六）年、二・二六事件で暗殺される。

高橋是清

二・二六事件当時、荒木貞夫は軍事参議官だったが、石原莞爾（陸軍軍人。中将。一八八九〜一九四九）から面罵されている。参謀本部がクーデター軍に占拠されたので、閣僚や軍事参議官が宮中に集まったときのことだ。元海軍中将・矢牧章がこう述べている。

「その時に、内大臣の隣の部屋の所へまず、その閣僚が集まる。その隣の所へ荒木（貞夫・士9）さんとか、真崎（甚三郎・士9）さんという人が集まる。そうしたところが、偶然に荒木貞夫さんがおられる所へ、石原莞爾（士・21）さんが入ってきた。入ってきた所が、（石原さんが）お前みたいな者がおるもんだからこういう事が起こるんだ、とそういう言葉遣いをしたと。そうしたら荒木さんが、上官に向かって何を言うか！　とこう言った。何をいうかと言って、こんな事を起こしておいて何があるか！　と言い返したと。そういうようなやり取りがですよ、あった。私は書記官長の迫水（久恒）から聞いた」（戸高一成編『証言録　海軍反省会2』ＰＨＰ研究所）

「士9」とか「士21」というのは陸軍士官学校の九期生、二十一期生の意味だ。

石原は満州事変の張本人で、二・二六事件のときは戒厳司令部員（参謀本部作戦課長と兼務）として事件の処理に当たっていた。一説では荒木に対し大声で「バカ！」「バカ！」と言ったそうだが、この点に関しては石原の見方が正しい。

そもそも荒木は青年将校たちの支持によって登場した陸相で、酒席では青年将校たちに「荒木、飲め！」などと呼び捨てにされても「若い者は元気があっていいのう」とニコニコしていた。こういう荒木の態度が青年将校たちを増長させ、陸軍に下克上の風潮をもたらせたとされる。五・一五事件のときも、荒木は「これら純真なる青年がかくの如き挙措《きょそ》に出でたその心情について考えてみれば涙なきを得ない」との談話を発表、事件に加わった青年将校たちの罪が軽くなるよう動いている。

青年将校たちのカリスマだった荒木も、この二・二六事件の直後（三月十日）、同じく軍事参議官だった真崎甚三郎、阿部信行、林銑十郎の各大将（荒木は昭和八年十月に大将に昇進）とともに予備役に編入された。つまりクビである。

再びゴー・ストップ事件に話を戻すと、軍部と警察が大揉めに揉めていたこの九月、荒木陸相にとってもう一つ問題だったのが五・一五事件の裁判だった。

前述のように、五・一五事件は昭和七（一九三二）年五月十五日、海軍青年将校を中心に陸軍士官候補生などが参加、犬養毅首相を射殺、政党内閣に終止符を打ったクーデター事件。

翌日には内務省の命令で新聞は一切の報道を禁じられた。そのため国民にはまったく内容が知らされなかったのだ。

一年後の昭和八年五月十七日にようやく記事解禁となり、司法・陸軍・海軍三省より事件の概要が発表された。荒木陸相が高橋是清蔵相に陸軍の国策案大綱を渡した二日後の九月十一日には、まず陸軍側判決が出る予定になっていた。国民の関心は高く、大阪でも連日五・一五事件裁判に関する記事が大きく報道されている最中である。

ましてや事件の責任者は荒木陸相であり、ことに事件を起こした青年将校たちはクーデター成功の暁には荒木貞夫を首班にする予定だった。そんな時期に第四師団がまたまた声明書を出して波紋が広がることは荒木陸相にとってきわめてまずいタイミングという他ない。師団側が声明書公開を中止したのは、おそらくそういう理由からだと思われる。

ところで、この五・一五事件では俳優のチャールズ・チャップリンも巻き添えになっている。

日本贔屓のチャップリンが念願の初来日を果たしたのは事件前日の五月十四日。午前十時、チャップリンや兄のシドニー・チャップリン夫婦ら一行を乗せた郵船・照国号がシンガポール経由で神戸港に入ると、岸壁には女優の夏川静江ら映画関係者、多勢のファンらが待ち構えており、大歓声で一行を迎えた。

チャップリンは午後十二時半、政府が手配した特別列車(「燕号」)で神戸・三宮駅から東京に向かい、途中途中の停車駅では興奮した群衆が熱烈に歓迎した。そして東京駅には約四万人がチャップリンを一目見ようと集まったものだ。

チャップリンは翌日の五月十五日、両国国技館に大相撲見物に出かけている。案内役は犬養毅首相の長男・犬養健(一八九六〜一九六〇)。昭和五年に岡山県から衆院議員に当選、まだ二年目の青年政治家(当時三十六歳)だ。

「観戦中に世話係がやってきて、犬養健の肩を叩き、小声で何かささやいた。彼はわたしたちのほうを向くと、急に用ができて、すぐ行かなければならないが、あとでまた戻ってくると言訳した。果して取組のおわりごろ、彼は約束通りに戻ってきたが、顔は真蒼でぶるぶるふるえている。わたしは、どこか具合でも悪いのではないかとたずねてみた。彼は首を横に振ったが、突然両手で顔をおおったかと思うと、『たったいま父が暗殺されたんです』と答えた」(『チャップリン自伝』中野好夫訳、新潮社)

チャップリンは彼と一緒に首相官邸に行き、二時間前に殺された犬養首相の部屋を見た。大きな血だまりがまだ乾かずに畳の上に残っていた。

後日、五・一五事件の裁判で首謀者の古賀清志・海軍中尉はチャップリンも殺す計画だったことを明らかにしている。「合衆国の有名人であるチャップリンを殺せばアメリカとの戦争を引き起こせると思った」と古賀中尉は供述しているのだ。事実、前日の十四日夜、チャップリンたち三人がレストランの個室で食事中、六人の若い男たちが部屋に踏み込んできた。チャップリンは咄嗟に片手を上衣のポケットに突っ込み、拳銃を持っているように装って難を逃れている。

たしかにチャップリンはアメリカでも有名人ではあったが、彼はアメリカ人ではなくイギリス人である。殺してもアメリカとの戦争になるはずがない。あまりにもお粗末な暗殺計画だったといえよう。

和解への調停続く

さて声明文の発表を見送った第四師団は、その後もしばらく鳴りを静めていた。九月十九日には早朝から井関参謀長、石井外事部主任、五十嵐憲兵隊特高課長らが師団司令部に集まり、和田検事正の示した「考察」に対しては軍部として一切の反論や意見を述べないことと決し、午後一時半、五十嵐憲兵隊特高課長が検事局に和田検事正、真野次席検事を訪ねて文書を提出している。既述のように八月二十二日に和田検事正から出された和解勧告に対し、同二十四日、軍部はいくつかの具体的な和解条件を示したが、「その後の情勢変化で二、三、さらに変更の必要が生じた」として、その旨を文書にして和田検事正に渡したのだ。

警察官の現役軍人に対する説諭連行権の問題はとりあえず棚上げにし、後日、軍中央部で検討した上で決定することとし、この際は中村一等兵が中西巡査に暴行を受けたという事実関係だけでの円満解決に応じてもいい――という内容で、かなり軟化してきたといっていい。

和解に向けた和田検事正の精力的な動きはさらに続く。

翌九月二十日には粟屋警察部長、今井警務課長を検事局に招き、およそ一時間にわたって会談、和解についての警察側の希望を聞いている。和田検事正との面会後、粟屋警察部長は縣知事と協議、その結果、警察はこれまで口頭で検事局に伝えていた事件の事実認定に関する希望、意見などを文書で出すことになった。その文書は今井警務課長が徹夜でまとめ、翌二十一日にも和田検事正の手元まで届けるということになった。

これで軍部、警察の双方から事件事実についての具体的意見が提出されたことになり、新聞も「和解の基礎成る」(九月二十一日付『大阪毎日新聞』)と伝えている。

和田検事正はその後二十五日には縣知事を訪問、約四十分間会談した。先に粟屋警察部長から提出された府警察側の意向、希望条件のうち、和解の支障になりそうな二、三点について、大局的観点からいま一歩の再考を促したもので、この会談には光行次郎・大阪控訴院検事長もオブザーバーとして同席している。また粟屋警察部長も三十日、和田検事正からの来訪要請を受け、午前十時から約三十分間和田検事正と会談した。

この時点では、軍部よりむしろ府警察側に和解を阻害する問題があったようだが、それもすぐ警察が譲歩するはずで、事件は九分九厘解決の方向に向かっていると見られ、手打ちは多分天臨閣(元の紀州御殿）であろうとの観測さえ流れていた。

実際この頃、検事局の和解案を基に警察、第四師団双方が事件解決要項案を検事局に提出している。いずれも警察大学校・渡辺忠威教授が発見した事件の一件書類に含まれていた未公表のものだ。

まず警察側の「事件解決要項案」の内容はこうだ。


《一、説諭連行の問題については双方ともに之に触れざること。
二、警察部長及参謀長は紀州御殿に於て会合の上、警察部長より参謀長に対し本事件発生及その後の経緯につき遺憾の意を表すること。之に対し参謀長よりも警察部長に対し同様遺憾の意を表すること。
なお、その際警察部長は「軍隊が陛下の軍隊なら警察官も陛下の警察官」云々の新聞記事に付き釈明すること。ただし府警察部に於て爾今現役軍人に非違ありたる場合、その取扱を慎重にすべき旨をこの際管下警察官に注意すると同時に、軍部に於ても軍人外出の場合交通違反その他事故を惹起せざるよう一般に注意すること。
三、曾根崎警察署長は歩兵第八連隊に赴き、中西巡査の中村一等兵に対する措置稍々《やや》穏当を欠き同兵の体面に拘る行為を為したる点につき遺憾の意表し、かつ治療一箇月を要する傷害を負わしめたる点に付陳謝すること。
四、監察官が中村一等兵の前科を新聞記者に漏したりとの点は警察部長の遺憾表明の中に包含するものと認め、とくに言及せざること。

五、右解決後、告訴取消の運びを為すこと。
六、本解決要項は一般に公表せざること。但新聞紙その他に対しては三者協議の上、適宜の方法を講ずること》

これに対し軍部側も十月十日付で「天六事件解決案」を検事局に示している。

《一、説諭の問題に就いては、警察部に於て師団提出の二条件の趣旨を諒得し、将来之を実行の上に表すことを約す（第三項末尾参照）
二、署長は巡査を帯同し連隊に連隊長を訪問し
巡査の措置穏当を欠き衆人環視裡に於て軍人の名誉を毀損せること
巡査派出所内に於て兵に暴行を加え重傷を負わしめたることに関し陳謝す
之に対し連隊長は「本事件の端緒が中村一等兵の不注意にありしは遺憾なり」と挨拶す
三、部長は大阪城内に参謀長を訪問し
イ、事件全般に関し遺憾の意を表し
ロ、「陛下の軍隊……」の失言に就いて釈明し
ハ、監察官の前科暴露に関し遺憾の意を表す
なお部長は今回の事件に鑑み将来軍人の取扱に就ては特に慎重にすべきことを約す
之に対し参謀長は師団声明第一項の如く挨拶す

四、告訴を取下ぐ

文書三

一、参謀長と警察部長は相互遺憾の意を表すること
場所は天臨閣とす

「陛下の警察官」なる警察部長の言に付ては「かかる言を使用せざりし」旨を表明す

二、曾根崎署長は歩兵第八連隊に赴き「中西巡査が中村一等兵に対する措置稍々度を超えたるやに感ぜせしめたる点、並びに同兵に対し重き傷を負わしめたる点」に付遺憾の意を表す
右に対しては連隊長に於ても中村一等兵の交通違反を為したる点並中西巡査に対して傷を負わしめたる点に付遺憾の意を表すること

三、説諭連行に付ては「考察」の趣旨に従い、内務省に報告し且管下に通牒し尚現役軍人の取扱は之を慎重にすべき旨を注意す》

この二つの解決案を比較すると、微妙な点で双方の主張は食い違っており、まだまだ溝は深い。ことに軍部は粟屋警察部長の「陛下の警察官」発言を執拗に追及しており、また警察の陳謝を強く要求しているのが目立つ。

この食い違いが原因なのか、十月十三日になって風向きが変わってきた。

同日夜、和田検事正と懸知事が市内某所で深更まで話し合い、府側の腹蔵なき最終的解決意見を得

た和田検事正は翌十四日午前十時二十分、第四師団司令部に井関参謀長を訪ね、寺内師団長、難波大阪憲兵隊長も同席のもと、府側から示された解決意見に検事正の私見を加えたものを提示したところ、府の解決意見が師団側のそれとはかなりかけ離れたものになっており、「これでは到底承認しがたい」と師団側は反発した。和田検事正はこれを受けてすぐ帰庁、光行検事長に報告したのち粟屋警察部長に来訪を要請した。和田検事正と粟屋警察部長の話し合いは午後一時から約三十分間行われ、粟屋警察部長が帰ったあとは再度光行検事長に報告、協議した。

そして十月十八日には井関参謀長、金子法務部長、五十嵐憲兵隊特高課長の三人が挨拶かたがた和田検事正を訪れたが、このときも井関参謀長は「府警察側の和解案には断じて応じられない」ことを明言している。これが最終的結論だというのだ。

この軍部の意向を、和田検事正はすぐ粟屋警察部長に連絡、改めて検事局の最終的和解案を提示して警察側の決定的回答を求めたところ、最初は十月二十日に返答する予定だったが、粟屋警察部長に急用ができて同日中にはまとめられないということで、二十一日正午までに警察側から返答することになった。

ついに決裂

そんな折り、和田検事正の自宅に寺内師団長と井関参謀長が突然訪ねてきた。以下は和田検事正の戦後の回想。日付ははっきり書いていないが、前後の事情から考えて、おそらく十月二十一日（土曜日）だろう。

「ある日、私は床屋に行っておったのです。女中が、寺内師団長と井関参謀長がえらい勢いで家に来て、いま応接間に上がっております。床屋に行ってますというと、急ぐからすぐ帰ってくれ、という使いです。私はひげを剃らずに何事かと思って帰宅したのです。『この事件の解決について、あなたの言うことに従って待っておったけれど、なかなか容易でないからもうこれ以上示談解決に応じない』と寺内氏が言うのです。私は『それは間違っておる。私が東京から帰った時に、師団司令部に行くし、警察にも行って、とにかくこの事件は私が解決するから任せるということであった。両方が汽車のレールに乗ったようなものだ。だから片方だけがやめるわけにはいかない。両方やめるならいざ知らず、片方では汽車は脱線してしまう。両方から全責任を引受てやっておるじゃないか。あなた方が断るのはどういうことだ』と応接間で二人と話したのです。寺内氏は『実は福井地方に大演習があって、あの地方は寒い地方だから、寒さが一ヶ月くらい早い。大演習が始まると、陛下がいらっしゃる。軍の首脳部がかれこれ沢山来られるのに、あの事件はどうなったかと聞かれた場合に、まだですと言えない。もうだめだから打ち切って司法省に任せる。示談ということでなしに処罰ということで済ます方針で、参謀長と相談して明朝出発するから断りにきた』と言うのです。私は『片方だけ降りることは私の方で認めない』と返事をしたところ、寺内氏はサーベルを手に持って怒って出ていってしまった。女中が靴を揃えてやるのも間に合わずに、自分ではいて帰ってしまった」（渡辺忠威『いわゆる「ゴー・ストップ事件」始末記』警察学論集）

福井大演習というのは十月二十四日、二十五日、二十六日の三日間、天皇の演習統裁を仰いで行われた軍事演習。南（善通寺の第十一師団）北（金沢の第九師団）両軍に分かれた演習で、その趣旨は「近代戦は国家の全力を挙げて行われる国民戦争である。国防は単に軍隊のみを以て任ずべきものではなく、国民全部で負担すべきである。軍隊も一般国民（老若男女）も共に不時から十分なる備えを有していることが必要」（『昭和八年陸軍特別大演習並地方行幸福井市記録』福井市役所編）というもの。

当時三十二歳の天皇は二十二日午前八時、宮廷お召し列車で東京駅を出発、北陸線への乗り換え駅である米原で降りずに京都まで直行、その夜は御所で泊まり、翌朝午前十一時五十五分の汽車で福井に向かった。福井着は午後二時三十五分。大演習最終日の二十六日には「荒木陸軍大臣を招聘しての大演習」も行われている。大演習のあと、二十七日には華やかな観兵式があり、天皇はその後福井市や敦賀市などを行幸している。天皇が帰京したのは十月三十一日午後五時十分だ。

寺内師団長は当初十月二十一日に福井市に向け出発する予定だったが、府警察部の最終和解案を見るため一日出発を遅らせた。

そして二十一日午後四時、粟屋警察部長は今井警務課長を同伴して和田検事正の官舎を訪れ、軍部側の和解案に対する最終回答をしたが、その内容は多少の譲歩は見せたものの、肝心の「傷害に対する一方的謝罪」の点に関しては一歩も譲れないというものだった。和田検事正は同五時、難波憲兵隊長の来邸を要請、軍部側の再考を求めた。難波憲兵隊長はすぐ師団司令部に行って井関参謀長に報告、さらに五十嵐特高課長と中林中尉を交えて協議した結果、「軍人に対し暴行傷害を加えておきながら何ら陳謝する意思を持たない不誠実な府側とこれ以上折衝の余地なし」として、井関参謀長は当日宴会（来阪した南次郎大将の歓迎宴。南次郎は荒木貞夫陸相の前任者）に出席中の寺内師団長の諒解を得たのち、午後九時、和田検事正を訪ねて正式に和解勧告を断り、あとは法的裁断を待つ旨を伝えた。

翌二十二日午後七時、第四師団は次のような声明書を発表した。

天六における警察官吏の不法暴行事件の交渉顛末に就て

《去る八月二十二日検事局により天六における警察官吏の不法暴行事件解決のため談義再開の勧告を受くるや、軍部は直ちにこれを快諾し、爾来今日に至るまで二ヶ月の久しきにわたり事件の円満なる解決を期すべく誠意を披瀝して交渉を継続せり。軍部は八月二十四日の検事当局の勧告に対し総括的意見を、また九月十九日検事当局の意見を参酌して事件解決上の具体的意見を検事局に提出し、軍部の意の存する所を明確に標示せる。然るに府当局においては漸《ようや》く十月十二日に至りその解決意見を検事局に提出せるが如く、爾後数次にわたる折衝の結果、検事当局の異常なる努力により作成せられたる公正なる解決案は不幸にして府当局の容るるところとならず交渉不調に陥り、遂に法の裁断を仰ぐに至りたるはまことに遺憾に堪えざるところなり。しかして交渉の道程において軍部当局の最も不快とせるは府当局の態度において依然として誠意の認むべきものなく、徒に時日を遷延せしのみならず中村一等兵の入営前における警察事故を新聞紙上に発表してその名誉を傷つけ、或は同兵の受傷は巡査の暴行にあらずして軍部において負傷せしめたるものなりとの無根の風説を流布せる等、官憲としてあるまじき言動なりとす

検事当局の勧告を辞退する已むなきに至れるこの機会において軍部の抱懐せし解決意見の要項

を開示せれば左の如し
特別法規の下において軍務に服する現役軍人に対し、警察官吏が説諭を行ふの権限なきことは明白にして、軍部は断じてこの所信をまげるものにあらざるも、事件解決の促進上の一時的方便としてこの法律問題の決定を他日に譲るを可とすべき検事当局の意見に対し
イ、警察当局は将来軍人に対する取扱を慎重にすべきは勿論、職権を以てする説諭は自発的にこれを行はざることとし、必要の場合には速かに所轄憲兵隊または所属部隊に通告す
ロ、本事件の実相に即して考察するに、当時予防警察上必要とせし直接強制の目的はすでに達しありしに拘らず説諭を行ふためさらに強制力を加え兵を派出所に連行せし巡査の処置は明かに警察官吏として職務執行の範囲を超えたるものとす
の二項を府当局において認むることを条件として軍部は快くこれを承諾せり
従て、解決すべき問題は単に事実問題のみに局限せられ、これに対する軍部の意見は左の三点に過ぎざるなり
一、街頭における巡査の措置は穏当を欠き、衆人環視裡において軍人の体面すなわちその名誉を毀損せる点につき謝罪の要あり
二、派出所内において巡査が兵に暴行を加え、之に重傷を負はしたる点につき陳謝の要あり
三、本事件に関連して起れる問題、すなわち「軍隊が　陛下の軍隊なら警察官も　陛下の警察官で、この点は同じだ」との警察部長の言辞および監察官が入営前における中村一等兵の警察事故を新聞紙上に発表し、その名誉を毀損せる件に関し適当なる処置を講ずるの要あり

右軍部の意見は検事当局において概ね同意を表せられたるところなるも、府当局はこれを否認し僅かに警察部長の言辞に関し同部長がこれを釈明することを同意せるに過ぎざるものとす。本事件の端緒が中村一等兵の不注意による交通違反にありしとは軍部当局において夙《つと》にその非違を認め、去る七月十七日、師団司令部公表の声明書においてすでに遺憾の意を表明せるところなり。森厳なる軍律の下にある軍人は一面において皇国臣民として国法に従い警察権を尊重すべきは勿論のことなるも、警察官吏の不当なる取扱に対してはこれを甘受せざるべき決意をここに表明す（以下略）》

法相の指揮を仰ぐ

これに伴い、中村一等兵から「入営前の交通違反を新聞紙上に発表した」として府警察の藤原監察官を名誉毀損で告訴した。決裂を受けて、さっそく警察への報復である。

和田検事正はこの事態にこうコメントしている。

「この事件に法律的裁断を下すのは私の職責で容易なことですが、こうした問題は法律で真の解決ができるものではなく、必ず憂ふべき問題を残すと信じたので国家的見地から調停に立った次第で、自分としては赤誠こめて和解に努めたが、事ここに至っては策の施しようもなくなった。いろいろ申し上げたいこともあるが、今はその時機ではない」（十月二十二日付『大阪毎日新聞』）

残すところは陸軍福井大演習後（二十八日）に来阪する小山松吉法相に指揮を仰いでの法的裁断の

みとなり、和田検事正は「福井大演習が終了するまで、しばらく静観するしかない」と、家族とともにまた高野山に登ってしまった。困ったときの高野山というわけだ。

事件解決のための最終裁断はどうやら小山法相に委ねられることになりそうだということで、大演習陪観のため福井に行く直前のキーマン・小山法相に対し、十月二十三日付『大阪毎日新聞』が金沢で一問一答を試みているので、その一部を紹介する。

「**記者**　閣下は事件決裂にたいする報告に接しましたか。さらに決裂にたいするご感想は？

小山　まだなんらの情報に接しておらぬ。感想としてもその報告に接した上でなければ具体的には言えない

記者　説諭権の問題が相当当事者間に喧しく論ぜられて将来は中央部の問題として残るものと見られているが如何

法相　だいたい警察側で喧《やかま》しくいっている説諭、連行権ありというその説諭とはいかなる意味のことをいうのか、私にはさっぱりわからぬ。元来この文句はある一部の学者がいいだしたことであって説諭の意味にはいろいろあるから一概にはいえない。軍部と警察当局者で論じ合っている説諭という問題はその解釈が甚だしく違っているようだ。元来法規の上では警察側には民衆に対してのみであって、軍人に対することはなんら書いてない。そしてまたその説諭という意味がほんの軽い意味で注意ということならそれでいいが、それならば説諭する仕方があるはずで、従って連行の方法もありそうなものだ。軍人の上官が下の者へ教え諭す場合の説諭と同様に考えてはいけない。そう

した強い意味の説諭、連行権などは絶対にあり得ないことだ。いま少しこの説諭という意味について警察側に聞かねば、どんな意味で主張しているのか訳がわからん

記者　街頭において兵士が巡査に与えられた『侮辱』ということは巡査の越権行為に立脚すべきでありますか

法相　否。特に名誉ある軍人に対し公衆の面前でなしたる侮辱である以上は、越権行為云々とは別個の問題としても断然存在し得る

記者　傷害の事実については如何

法相　自分が今まで聞いている範囲では軍部側が一ヶ月、警察側が一週間の傷をそれぞれ負っているということになっている。この点、事実は双方的のものと見られるが、なお全般的な検事局の調査に不足な点があれば、私はその再調査を命じるつもりだ。とにかく問題は中央部のことにしないで地方的に収めようと考えていたのに、決裂してしまったというのはさっぱり訳がわからん（以下略）」

小山松吉（一八六九〜一九四八）は明治・大正・昭和期の司法官僚。茨城県出身。大正十三（一九二四）年に検事総長になり、大逆事件（明治四十三年）や虎ノ門事件（大正十二年）などを扱っている。ゴー・ストップ事件の起きた昭和八年に斎藤実内閣の法相（この時代では司法大臣のこと。法務大臣のことを指すのは昭和二十七年から）に迎えられた。のち法政大学総長なども務めている。

多くの歴史的大事件を扱ってきただけに、このゴー・ストップ事件に最初は苦笑したかもしれない

小山松吉

この小山松吉法相、翌昭和九年に「お鯉事件」に巻き込まれている。これも当時の世相の一端なので、少し紹介する。

三月七日、政友会の岡本一巳という議員が、「小山法相が昭和七年三月から七月にかけ、赤坂の待合『鯉荘』で小林武次郎ほか数名の人間とたびたび会合、饗応を受けていた」と小山法相を告訴した。小林は共産党のシンパで、過去に逮捕歴もある。饗応を受けたとされる小山松吉は当時検事総長。小林にさんざん饗応され、彼の罪を軽くするよう奔走した――というのである。要するにデッチアゲで、小山法相を陥れることで斎藤実内閣を潰そうという政治的陰謀事件だ。

そして「たしかに小山法相と思われる人物がウチに来ていた」とウソの証言したのが「鯉荘」の女主人「お鯉」だと知って世間はまるで亡霊が出てきたように驚いた。お鯉、本名・安藤てるは桂太郎首相の愛妾として知らぬひとがなかったほどで、日露戦争後、十分な賠償を取れなかったことに憤慨した群衆は、例の日比谷焼き討ち事件（明治三十八年）で「桂を殺せ、お鯉も殺せ！」とお鯉の自宅まで襲おうとした。お鯉の庇護者である桂太郎首相が死んですでに二十一年が経っており、まだお鯉が生きているとは思わなかった人も多かった。しかし実際はまだ五十代だったのだ。松本清張がこの事件のことを詳しく書いている（『対談　昭和史発掘』文藝春秋）。お鯉は十カ月の懲役刑を言い渡されたが彼女だけ執行猶予がついた。なお彼女が安藤照名義で書いた『お鯉物語』は無類に面白い本で、絶版になったままなのが惜しまれる。

お鯉の名前が出てきたので、ここで少し余談を。

お鯉は桂太郎首相の愛人になる以前、歌舞伎役者・第十五代市村羽左衛門と結婚していたことがある。羽左衛門は菊（六代目・尾上菊五郎）、吉（初代・中村吉右衛門）とともに今日の歌舞伎の隆盛に多大な貢献をした役者で、ことに水際立った美男子ぶりは空前にして絶後とまでいわれた。「花の橘屋」と呼ばれたゆえんである。

ところが先代の養子であることは知られていたが、その出生は謎に包まれていた。本人自身も、ついに話さなかったのだ。ところが昭和三十（一九五五）年、作家・里見弴（一八八八～一九八三）が『羽左衛門伝説』（毎日新聞社）で見事にその秘密を解き明かした。

同書によると、羽左衛門の実父はアメリカの軍人・外交官であるル・ジャンドル将軍（一八三〇～一八九九）。南北戦争にも従事した歴戦の勇士で、明治五（一八七二）年、明治政府の外交顧問として来日した。月給は総理大臣の八百円より高い千円だった。そして母親は池田絲。絲の父親は福井越前藩主の松平慶永《よしなが》（春嶽）である。春嶽は腰元に手を付け、絲が生まれたのだが、実母は「奥様に申しわけない」と懐剣で喉を突いて自害している。絲は春嶽の家臣の池田という武家で育った。つまり羽左衛門は松平春嶽の孫なのである。

また羽左衛門には愛子という妹がいた。成人すると奥州二本松の関屋裕之介と結婚、生まれたのが関屋敏子である。敏子は三浦環や原信子ら、日本が生んだ世界的なソプラノ歌手のひとりで、海外での評価も高かった。しかし昭和十六（一九四一）年十一月二十三日、睡眠薬で自殺（伝記では睡眠薬自殺だが、十一月三十日付『東京朝日新聞』では「縊死」としている）。享年三十七歳だった。離婚問題と芸術上の行き詰まりが自殺の原因とされるが、同年に起きたゾルゲ事件（ソ連のスパイとしてリヒャルト・ゾルゲおよび尾崎秀実が逮捕され、のち処刑された）に絡んでの自殺という見方もあった。本当のところはわからないが、敏子がゾルゲとの関係で尋問を受けたのは事実のようだ。

白根兵庫県知事の登場

余談はこれくらいにしてゴー・ストップ事件に戻る。

福井大演習も終わったことだし、もういいだろうと和田検事正が高野山から下りてきたものの、寺内師団長が和田検事正に会おうとしない。再び和田検事正の回想。

「第四師団も大演習から帰ってきたし、そろそろと思っていたが、寺内氏がなかなか私に会わないのです。知事官舎と広い道を隔てて師団長官舎がある。私は何回も行くのですが、病気と称して会わないのです。寺内氏の若い奥さんは、高松の山下検事正のお嬢さんなんです。三度目かに奥さんと話をしたのです。奥さんでは仕方ないので、何回行ったかわからない程足を運んだのです。奥さんは何か会いたくないいんでしょうと言う。いっこくな男だから会わないのです」（前掲『いわゆる「ゴー・ストップ事件」始末記』）

大演習陪観を終えて小山法相も来阪、十一月二十八日夜九時二十分から甲子園ホテルで光行検事長、和田検事正を加えた三人で午後十一時五十分まで密議を凝らしたが、妙案は出ない。小山法相は所用のため翌朝すぐ東京に戻ってしまい、今度は和田検事正が十一月二日に上京して林検事総長、小山法相を相次いで訪ね、中村一等兵から告訴されている中西巡査の処分について話し合っている。

和田検事正は翌三日に帰阪したが、疲れからか発熱してしまった。小山法相は続く四日に再度来阪、午後五時半から大阪控訴院の会議室で光行検事長、和田検事正から事件の詳細な報告を受けた。しかし法的裁断以外の解決方法は依然見つからない。その間、第四師団では強硬派が大阪府庁舎砲撃の準備をしているとの物騒な噂も流れている。

そして四日、今度は中村一等兵が所属する歩兵第八連隊の松田四郎連隊長がさらに事態を紛糾させる談話を発表した。その内容は、中村一等兵が派出所内で中西巡査を殴った事実は絶対にない。それは風説に過ぎず、軍としては「軍部自体の有する司法権」すなわち軍法会議で中村一等兵が中西巡査に傷を負わせてないことを立証する――というものだ。これに対する和田検事正の談話は次のとおり。

「中西巡査が中村一等兵のため一週間の負傷をしたということは、単に風説だけでなく、当検事局における事実認定であって、すでにこの事実は先般私が両者の和解勧告中に示した『考察』中にも明確に記してお伝えしており、軍部当局はもとより憲兵隊の方でも単に風説でないことはすでにご承知のことであり、それを今さらになって云々されることは甚だわけがわからない」(十一月六日付『大阪毎日新聞』)

事態は解決に向かうどころか、いよいよ最悪の危機に立ち至ってしまった。当時、『大阪毎日新聞』の記者としてこの事件を連日報道していた小林信司はこんなことを書いている。

「……（師団側応援のため）在郷軍人会まで起ち上がり、海軍将校団も参加して、『陸海軍将校同志会』を結成する。全国各師団や在郷軍人会から続々来援将校や代表が駆けつけるという騒ぎになった。府側も内務省や警保局の指示を仰ぎ、各府県からの声援が引きもきらず、両陣営の対立はついに全国規模に拡大した」（『「ゴー・ストップ事件」の社会史的意義』関西大学新聞学研究／関西大学新聞学会編）

ところが七日になって思いがけない仲裁人が現れた。兵庫県知事の白根竹介である。白根竹介は明治十六（一八八三）年生まれで、内務省官吏・白根勝治郎の長男。東京帝国大学法科大学政治学科を卒業後内務省に入り、静岡県知事や広島県知事などを経て昭和六年十二月に兵庫県知事に就任していた。このとき五十歳だ。

来阪した白根竹介知事はさっそく和田検事正を訪ね、約四十分間，何事か協議した。解決のための独自の「白根案」を提示したものと思われる。

この訪問を受けて検事局を中心とした解決への動きは急に活発になり、十日午前十時過ぎには大阪憲兵隊の五十嵐特高課長が大阪地裁検事局の真野次席検事を訪ねて会談した。一方の粟屋警察部長も午前十一時五十分過ぎに検事局を訪ね、和田検事正と会談している。白根兵庫県知事はこのあとも井関師団参謀長、粟屋警察部長などとも精力的に面談を進めた。

それにしても、なぜここにきて白根兵庫県知事が登場したのか。戦後になって明らかになったのだが、実は福井大演習の際、昭和天皇から荒木陸相に「大阪のゴー・ストップ事件というのはどうなったか」との御下問があり、恐懼した荒木陸相は土岐章陸軍政務次官に早急な解決を指示した。

土岐章（一八九二〜一九七九）は最後の沼田藩主・土岐家の家督を継いだ貴族院議員で子爵。土岐章は荒木陸相の命を受け、まず訪れたのが斎藤内閣の警保局長・松本学。後年、松本学がこう語っている。

「昭和八年、福井大演習がすんだ直後に陸軍政務次官、子爵、土岐章君、ぼくとは親しい友人ですが、この土岐君が警保局長の部屋に訪ねてこられて『きょうは、実は、荒木陸軍大臣の代理できたのだ……』『それはまた上下（注・裃のこと）を着た話だが、なんですか』といったら『実は、あなたが、ゴー・ストップ事件の張本人で、いちばんやかましく言ってるということを聞いたので、陸軍大臣から、松本君によく説明をして、了解を求めるようにというので来た。実は、福井の大演習で、陛下から荒木陸軍大臣に対して大阪でゴー・ストップ事件なるものがあるそうだが、あれはどうなったかというご下問があった。それで陸軍大臣は恐懼おくあたわず、なんとか早く片付けなければならんのだから、君が張本人だから君とよく話をしてくれと言われてきたのだ』と言うのです。『ぼくは張本人でもなんでもないのだが、出先で、えらく師団長が熱心になられて、あんな経緯になってしまったが、この問題は元来つまらないことで、陸軍が勝ったとか、警察が勝ったとかいうことにすべきものではないのだから、ここまできた以上は、できるだけスムーズにおさめなければならない。白根兵庫県知事が寺内師団長と非常に親しい仲だというから、白根君が中に入って仲裁するということに、だいたい決まっておるのだ。だから、おそらく、これによって陸軍も傷つかず、警察も傷つかず、白根の仲裁で片づいたということにしようということになっておるのだか

ら、そのことを陸軍大臣に復命されたい』と言ったことがある」（前掲『松本学氏談話速記録』内政史研究資料）

白根竹介

ゴー・ストップ事件のことを天皇の耳に入れたのは、もしかしたら宮内省の白根松介かもしれない。白根松介（一八八六～一九八三）は明治時代の官僚・白根専一（男爵。一八四九～一八九五）の長男で、東京帝国大学法科大学政治学科を卒業したのち文官高等試験に合格、宮内省に入った。ゴー・ストップ事件が起きた昭和八年に内蔵頭になり、昭和十一（一九三六）年には宮内次官にまでなっている。兵庫県知事の白根竹介とは従兄弟同士の間柄だ。二人の祖父が明治初期の官僚・白根多助（山口県出身。一八一九～一八八二）なのだ。

白根兵庫県知事は、ゴー・ストップ事件のことを実は六月の時点で知っていた。野村徳七（明治・大正・昭和期の実業家。野村銀行、野村証券など金融部門を主とする財閥を作った人物）が京阪神の大官たちをお茶の会に呼んだところ、寺内師団長が三十分以上も遅れたため、白根知事が「君はいったいどうしたのだ。茶の席に呼ばれていて、時間をたがえるなんて無礼なことではないか。みな三十分以上も待っているのだ」と言ったところ、「すまん、いや実は大事件が起きたのだ」とゴー・ストップ事件のことを話しているのだ。その事件の仲裁をまさか自分がやることになろうとは、白根知事も思っていなかったに違いない。

松本学が土岐陸軍政務次官に「白根兵庫県知事が仲裁に入るということにだいたい決まっている」

と言ったのは、すでに和田検事正が白根知事と打ち合わせ済みだったからだ。

急転直下の解決

もう一度、和田検事正の回想を紹介する。

「(寺内師団長が会おうとしないので) 私は、神戸の検事正時代から心やすくしておった兵庫県知事に会いました。寺内といいとこなのです。私の言うことを彼に取次させようと思ったのです。神戸に行って白根兵庫県知事に会うと、『まだかたがつきませんか。私が行ってあなたの話を取次ぎましょう』と言って、一週間の欠勤届を出し、私と一緒に大阪に来て、北の新地の横の、待合でもなかったが、ちょっとした宿屋があって、なるべく人の少ない所がいいといって泊ったのです。私とは夜ばかり交渉しておったのです。十分取次がないうちに、とうとう新聞社にかぎ出された。新聞記者が張込んでいるから、出向くなといったりして、今度は新富ビルに行ったのです。一番てっぺんの部屋に泊った。私と知事が師団長官舎を訪ねて行って、私は応接間におり、知事は枕元に行って話をし、そして十分もたたないうちに寺内と二人で応接間にやってきたんです。寺内は、『検事正、あれは君の言う通りに従うから勝手にせい』といって、参謀長を呼んで、『検事正の言う通りにせい。俺は久しく蟄居しておったから、南の方に行って遊んでくる』といって行ってしまった。私はその後を追いかけながら立話をして、私に一切を任せるということになった。参謀長にそれを書かして、新聞記者も沢山来ているから、それを発表した。双方お互いに悪かったといってこの事件は治めよう、この事件は一切取下げようということになった」（前掲『いわゆる「ゴー・ストップ事件」始末記』）

そして十一月十八日夜、ついに和解が成立した。十一月十九日付の『大阪毎日新聞』号外。

「ゴー・ストップ事件
　昨夜円満に解決
　けふ両者正式に訪問

　去る六月十七日大阪天六交叉点における一兵士対交通巡査の事故に端を発したいはゆるゴー・ストップ事件は、大阪第四師団対府警察部の対立となって過去五ヶ月間紛糾に紛糾を重ね、その間難波大阪憲兵隊長の調停、和田検事正の和解勧告いづれも不成功に終り、中村一等兵の告訴に基づきつひに法的裁断を待つほかない状況に立ち至ったが、青に入り白根兵庫県知事の斡旋登場となってから同知事が連日の如く井関参謀長、粟屋警察部長、和田検事正と三者の間に奔命努力の結果、ここ一両日前から俄然和解への最後的努力が双方の間に濃厚切実となって十八日も朝から粟屋警察部長は病臥中の懸知事の官舎にほとんど詰め切り、府側の最後的態度決定のため重大協議を続ける一方、寺内師団長官邸にて井関参謀長、白根知事が会見し午後五時半まで和解の具体的条件、形式に対する軍部側の最後的意向を確かめ、府側との折衝に努めた結果同日午後からの最後的和解工作によって俄然行詰った局面はここに打開好転の気配を明かにし、粟屋警察部長は午後九時から同九時半まで和田検事正を訪問して府側の態度決定を報告して直に知事官舎に引返し、これに続いて十時二十分白根知事、同三十分和田検事正が知事官舎に駆けつけ、懸知事の枕頭に和田検事正、白根知事、粟屋警察部長の四人が協議、府側の譲歩によって八月二十二日和解乗り出し以来三ヶ月間にわたる和田検事正の異常な斡旋努力によって急転直下いよいよ円満解決することとなり、同十一時、粟屋警察部長は知事官舎において新聞記者団に対し、井関参謀長、粟屋警察部長の連名をもって、左のごとき和解成立に関する共同声明書を発表した

共同声明書

和田検事正の異常なる斡旋の結果天六事件はいよいよ円満に解決することになり十九日午前十一時増田曽根崎署長は歩兵第八連隊に松田連隊長を、午後一時粟屋警察部長は師団司令部に井関参謀長を訪問することになった。なほ同日午後二時井関参謀長は大阪府庁に粟屋警察部長を訪ひ挨拶を交換するはずである

井関参謀長

粟屋警察部長」

号外にはっきり「府側の譲歩により」と書かれているのが目を引く。十九日付『大阪毎日新聞』は関係者の談話を載せている。それぞれの談話を短く紹介する。

まず第四師団の井関参謀長。

「いよいよ円満解決の運びとなって五ヶ月ぶりに実にさっぱりしました。これというのも和田検事正をはじめ各方面のご努力によるもので誠に感謝にたえませんが、一方去月二十二日、最終的決裂の後師団当局から発表された声明書の内容をその後に至って府側が十分理解承認され、その精神をもって善処されることになったことは非常時の折柄喜ばしいと思っている」

次に栗屋警察部長。

「ようやく五ヶ月間の重荷が下りました。何とも世間をお騒がせしましたが、和田検事正の三ヶ月にわたる永い熱心な誠意あるご努力により、また白根知事のご斡旋ご奔走により、ここに円満に和解成立ができたことは当事者として実に喜びにたえず、まことに感慨無量です」

和田検事正。

「新聞記者諸君にもずいぶん骨を折らせたが、ゴー・ストップ事件は今晩十一時、円満な解決を告げるにいたった。今度の調停は主として白根兵庫県知事が陰になって斡旋された結果によるもので、自分としては長らく苦心しただけに誠に喜ばしく思っている。今晩は何人にも話さない約束が師団長、知事とも固く結ばれているから、これ以上語ることはできない」

次に白根兵庫県知事。

「この解決は五ヶ月にわたる和田検事正の努力が基礎になったもので、私はただ内面的にお手伝いしたにすぎない。十九日、両者が最後の会見を行い、正式に解決調印をすることとなった。私は去る十六日から三日間、内相に欠勤届を出し、全くの私人として側面的調停に立ったもので、自分としては誠心誠意奔走したわけで、両当事者もこれまでの行きがかりを捨てて互譲の精神に立ち帰ったことが、これをもたらした最大原因です」

白根兵庫県知事の示した和解案がどんな内容なのか、今日に至るまで公表されていないが、おおむね十月十日に軍部側が作った「天六事件解決案」（本章一五四頁）が基礎になっているようだ。翌十一月十九日に行われた正式和解のセレモニーがほとんど「解決案」と同じなのだ。中村一等兵の中西巡査への告訴も「解決案」どおり直ちに取り下げられている。

軍・警察が相互謝罪

その正式挨拶の十九日、まず増田・曾根崎警察署長が歩兵第八連隊を訪れた。午前十一時ジャストである。衛兵所で名刺を出すとすぐ連隊本部に通された。二階の連隊長室には松田連隊長、岡本連隊副官、飛松師団副官、菊池大手前憲兵分隊長が待ち構えている。増田署長が、

増田曾根崎署長（右）と松田連隊長（左）

「このたびは大変どうも……本日はご挨拶に、いやお詫びに参上しました」と謝罪、松田連隊長も和やかに「こっちも悪かった。一切を水に流しましょう。中村一等兵の告訴も取り下げます」と謝罪を受け入れた。「おーい、お茶を持ってこい」と岡本連隊副官が当番憲兵を呼ぶ。会見は約二十分で終わった。

増田署長が松田連隊長と握手を交わして辞去しようと階段まで来ると、偶然、連隊本部に呼ばれてやってきた中村一等兵に出会わせた。中村一等兵はそれと気付いて増田署長に敬礼した。訪問を終えた増田署長はただちに懸知事に報告、また松田連隊長も師団の井関参謀長を訪問して報告を行った。中村一等兵はこの間ずっと衛戍病院に入院しており、ほとんど外出できなかったので、この日は日曜外出を許されて久しぶりに両親のいる実家に帰った。

増田署長の連隊訪問に続き、今度は粟屋警察部長が午後十二時五十五分、大坂城内第四師団司令部に井関参謀長を訪問した。師団長応接室で井関参謀長と会談、過去の発言等について釈明し、井関参謀長もこれを諒として約二十分の会談は談笑のうちに終わった。

その答礼として今度は午後二時、井関参謀長が大阪府庁に粟屋警察部長を訪ね、三階知事室で挨拶を交わした。次いで難波大阪憲兵隊長、続いて井関参謀長が北区若松町の和田検事正を訪問して挨拶を述べた。また午後三時半、粟屋警察部長が今井警務課長を同伴して和田検事正を訪問、挨拶した。

翌二十日には前日実家に戻った中村一等兵と曾根崎署の戸田巡査が事件解決のお礼のため和田検事正を訪問、検事正官舎前で顔を合わせ、まず中西巡査が「このたびはいろいろどうも……」と述べると、中村一等兵も「どういたしまして、私こそ……」と応じ、二人は互いに挙手の礼をし、続いて新聞記者の注文に応じてにこにこしながら握手した。

さらに二十日、目と鼻の間に住んでいながらこれまで渋面で睨み合っていた寺内師団長と縣知事が会い、「君と僕と、こうして二人がはじめっから顔をあわせてざっくばらんに話し合えば、問題はなかったね。アハハハハ」と上機嫌で握手を交わした。これですべてのセレモニーは終了し、ゴー・ストップ事件は手打ちとなった。

関係者の談話やこれらの動きを見ると、警察側が軍部に屈したのがわかる。たとえば井関参謀長の「師団当局から発表された声明書の内容を、その後に至って府側が十分理解承認され云々」という談話などはまさに警察側が譲ったことを窺わせる。相互謝罪の順番についても警察が譲ったらしく、当時、粟屋警察部長に随行していた相口睦郎警部補は、坂間素子（粟屋仙吉の長女）宛の手紙（昭和四十年四月二十八日付）でこう書いている。井関参謀長と粟屋警察部長の挨拶交換の情景が記されていて興味深い。

「……いよいよ事件の大詰めとなり、軍警相互遺憾の意を表し合うという解決案が仲裁役の白根竹介兵庫県知事から示され、双方承諾したものの、いずれが先に遺憾の意を表するかにつき双方譲らず、結局軍万能の世相に鑑み警察側が一歩譲り、午前十時頃と思います、粟屋様に小生同乗して、

中西（戸田）巡査（右）と中村一等兵（左）

小谷君の運転する自動車キャデラックで師団司令部井関参謀長の部屋に向かったときほど薄気味悪く、緊張を覚えたことはございませんでした。司令部のある城内には人影はなく、所々に緊張した歩哨が立っているだけ、水を打ったような静寂、司令部の前広場で自動車を止め、緊張のふんい気に包まれたような司令部玄関まで進む警察部長粟屋様と私の靴音までがなにか気にかかり無気味に聞え、一下士官の案内で粟屋様は二階正面の参謀長室へはいられる、小生は玄関わきで無意識に不動の姿勢で部長殿のお帰りを待つ時間、わずか二、三分間が待ち遠しかったのでございました。

すぐ県庁に引き返し、きょうばかりは敵に花を持たせ、粟屋警察部長殿は府庁知事室で井関参謀長を待つうち、しばらくして井関参謀長は砲兵大佐の肩章を光らせ、威風堂々馬上姿、さしも井関大佐も緊張の色濃く、府庁玄関にて下馬、知事室にはいり、『今回の事件はまことに軍として遺憾でありました』の一言を述べ、粟屋警察部長と堅く握手され退室、再び馬上の人となり、司令部に引き返したのでありましたが、こうして血で血を洗うような軍警対立抗争した大問題も終止符を打たれたのであります」（津上毅一編『粟屋仙吉の人と信仰』待晨堂）

粟屋警察部長が井関参謀長を訪れた時間、また同警察部長が師団司令部で過ごした時間は新聞記事と少し違っているが、これは事件から三十二年後の手紙であり、相口睦郎の記憶違いだろう。

もう一つ面白いのは、和解に伴うセレモニーが完了した十一月十九日、寺内師団長が警察関係者を招いて宴会を開いたこと。沢辺金之助という、当時の大阪恵美須警察署長がこう語っている。

「和解がついた夜、寺内師団長は警察関係者や市内の署長を招待してミナミで宴を張ってくれたのですが、寺内さんは終始大変なご機嫌で、事件から想像していた人とは全く人が違うような印象を受けたものです」（朝日放送編『大阪史話』創元社）

寺内がここまでご機嫌だったのは、軍部がとうとう警察を屈服させたという喜びからに他ならない。警察に対し「悪く思わないでくれよ」という意味の宴だったのだろう。

和解成立後の十一月二十一日付『大阪時事新報』が、和田検事正に単独インタビュー、「立役者：和田さんの楽屋話」という記事を載せている。これも興味深いので、一部を引用しておく。

「お目出とうかネ。――お正月が来たような気がするよ。（中略）感想か？　これも別に喧しいことはない。しかし私がなぜ法服をぬぎ調停に乗り込んだかということは諸君も充分玩味して貰いたい。即ち天六事件は事件としてはごく簡単で、これを司法処分にすることは手間もひまもいらないが、その影響は大きく、いまは大阪だけの問題だが、やがて全国的の問題となる虞れがあるので、こと国家の重大事と考え八月上京し、司法大臣以下司法省首脳部の指揮をうけてやったものだ。（中略）国防の重任を帯びる軍部と国家の治安の維持に当たる警察――この両者の間に

ゴーストップの渦解消した日

しつかと握手だ

朗かに、心も青空

三巴の嬉しき挨拶

大阪朝日新聞での報道

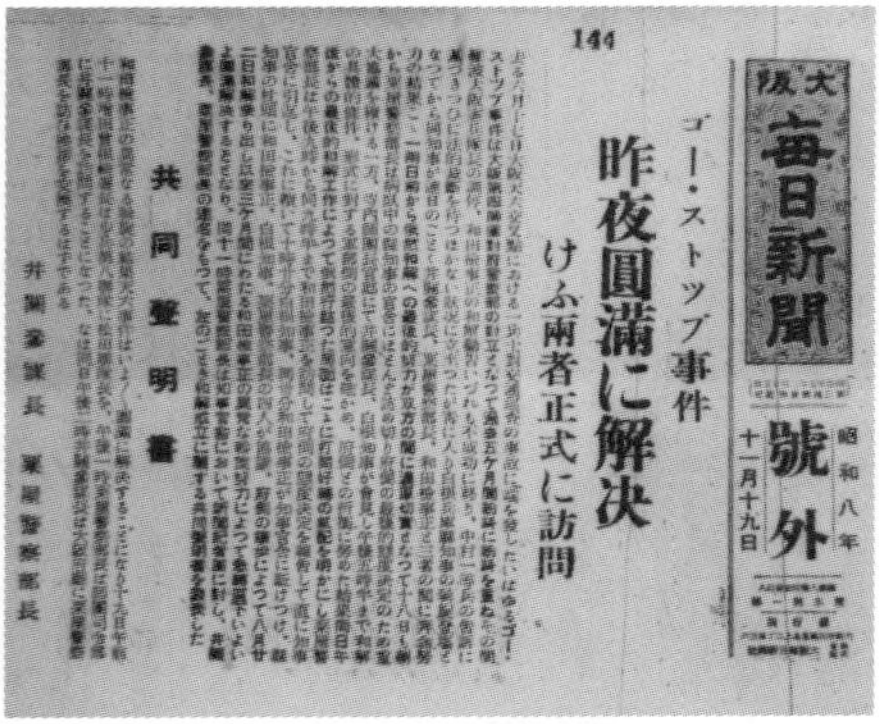
大阪毎日新聞

號外

昭和八年十一月十九日

144

ゴー・ストップ事件

昨夜圓満に解決

けふ兩者正式に訪問

共同聲明書

毎日新聞の和解報道の号外版

暗雲の漂うていることは国民として安心ができないし、一致団結を誇る我が国としてもまことに恥ずかしい話と考え、これはどうしても行きがかりを水に流させなければならぬという信念を私に抱かせた。（中略）一番問題になった説諭連行権に就いては自分としては意見を持っているが、この問題には異なった意見もあり、急に決めるのは困難なので、今回和解には一切この問題には触れないということになっている」

こうして軍部と警察という二大勢力の戦いは軍部側の勝利に終わった。

第六章　背景と意味

軍部、軍縮に反発

ゴー・ストップ事件は、関係者のその後の人生にも影を落としている。

たとえば歩兵第八連隊長の松田四郎大佐は翌昭和九年三月五日付で「待命」、つまり陸軍をクビになっている。荒木貞夫陸相が天皇から「大阪のゴー・ストップ事件はどうなっている」と尋ねられたことで恐懼、実質的な天皇の叱責ということで誰かが責任を取らなければならなくなり、荒木は松田大佐に責任をおっかぶせた格好だ。

また粟屋警察部長は事件後大分県知事、農林省水産局長、馬政局長官などを務めたが、軍部の意向に逆らうことが多いとして遠ざけられ、昭和十七年三月に退官、隠居に追い込まれた。まだ四十九歳である。その後、賀屋興宣（昭和期の大蔵官僚・政治家。敗戦後A級戦犯に指定されるがのち赦免になり政界復帰。一八八九〜一九七七）に口説かれて広島市長になった。昭和二十年八月六日、投下された原爆によって亡くなったのは前述のとおり。

その粟屋警察部長の右腕だった今井久警務課長は昭和十二（一九三七）年八月、佐賀県警察部長のとき応召している。地方では普通、警察部長が召集事務を行うので、たとえ軍籍があっても召集されることはなかった。にもかかわらず召集された（軍曹）のは、軍部側の報復だといわれている。

府警察部監察官だった藤原侃治（第三章一〇三頁）はその後福井県の経済部長、山形県の警察部長などを務めたが、終始〝異端〟の官僚として軍部ににらまれ、やがて官界から去る。昭和十八（一九四三）年から二年ほど地元・岡山県の「大日本武徳会」（「大日本武徳会」は日本の武道関係団体を統括する組織）の副支部長を務めていたとして戦後、GHQから公職追放されるが、その際、かつての勤務先、ことに大阪や岡山の同僚や友人から「彼はゴー・ストップ事件で軍部に抵抗した」との多数の証言が寄せられ、その友情に涙ぐんだという。

また昭和四十二（一九六七）年十二月二十日付『大阪読売新聞』（連載「百年の大阪」）によると、曾根崎署の中西忠夫巡査は事件から五年後の昭和十三年、第四師団歩兵第八連隊に召集された。かつて殴り合いをした中村一等兵が所属していた部隊で、「これは仕返しされる」と覚悟したという。しかし入隊すれば身内になるということか、幸いそれは杞憂だった。

中西巡査と殴り合った中村政一一等兵も苦労した。

中村一等兵は事件が解決した直後の昭和八（一九三三）年十一月三十日に満期除隊になったのだが、それを待って警察が彼を捕まえ、その供述を変えさえようとする恐れがあるとして、軍部は彼をむりやり第四師団経理部糧秣係に雇い上げた。「月給は安いし、えらいし。といって勝手に転職できず泣きました」と中村一等兵は後に語っている。

一軍人と一巡査の単なるケンカが、なぜこのような第四師団対大阪府警察の全面対立となり、最後には陸軍省と内務省まで巻き込んで五カ月間も揉め続ける大事件に発展してしまったのか。そしてなぜ軍部がここまでのさばるようになったのか。そこには時代背景も大きく関わっている。そのきっかけが三度にわたる軍縮だ。

第一次世界大戦は一九一四年、独・墺・伊の「三国同盟」側と英・仏・露の「三国協商」側の対立から起きた欧州を主戦場にした世界的規模の戦争。日本も一九一四に対独宣戦した。一九一八年十一月にドイツの降伏でようやく終結した（翌一九一九年一月にパリ講和会議）のは周知の通り。

その後、軍備の縮小（軍縮）が世界的な大勢となり、主要国間で軍縮が協議される。これがワシントン海軍軍縮会議で、大正十（一九二一）年十一月十一日から翌大正十一年二月六日までアメリカの首都ワシントンで行われた。大戦終結後も戦勝国となった国々はなおも軍備増強計画を進めたため軍事費が国家予算を圧迫するようになり、「これではたまらんから、各国が足並みを揃えて軍縮に踏み切ろう」としたのだ。

しかし実際は日本軍をこれ以上膨張させないことがアメリカを中心とする列国の狙いで、このワシントン海軍軍縮会議では主力艦の製造を十年間ストップすると同時に、各国の保有主力艦の比率を米・英五、日本三、仏・伊一・七五とした。

こうした流れを受けて陸軍もいよいよ軍縮に踏み切ることになった。加藤友三郎内閣の陸相・山梨半造（一八六四〜一九四四）大将による二次にわたる「山梨軍縮」がそれである。

ワシントン海軍軍縮会議でまず英・米・日・仏・伊などの主要国で海軍軍縮が実現し、当面アメリカとの衝突の可能性が低くなったこと、またロシアでは一九一七年のロシア革命勃発で国内は大混乱に陥っており、ロシアの脅威も薄らいだので、陸軍の軍縮をやるなら今をおいてない、という判断だ。軍縮断行で浮く資金で、陸軍の軍備を近代化させようという計画である。

それに大正四（一九一五）年の「対華二十一ケ条要求」、大正七（一九一八）年の「シベリア出兵」が、ともに内外から大きな批判を受けていたことも見逃せない。「対華二十一ケ条要求」というのは第一次世界大戦中、大隈重信内閣が中国の袁世凱政権に突きつけた権益拡大要求。山東省におけるドイツ利権の譲渡、満州の日本利権の延長など二十一ケ条の要求で、これにより中国の対日感情は大きく悪化、また国際問題にもなった。

「シベリア出兵」はロシア革命への干渉のため日本がアメリカやイギリス、フランス、イタリアなどとともに「孤立したチェコ軍救出」を名目にシベリアに出兵した事件。日本はこの機会にシベリアへ進出しようと、各国が協定した七千人の十倍に当たる七万三千人を派兵した。干渉はパルチザンの抵抗で失敗し、アメリカ以下、各国は次々と撤退したが、日本だけは駐留を続けて列国から非難され、また国内でも反対意見が多くなり、大正十一（一九二二）年、ついに撤兵した。この間多くの犠牲者を出し、また戦費が九億円に達するなど、シベリア出兵は大失敗に終わった。

こうした経緯から国内外の軍部を見る目は厳しくなり、山梨陸相が軍縮を決意したのだ。

陸相山梨半造の第一次軍縮は大正十一年八月、続いて第二次軍縮は翌大正十二年四月に行われた。この結果、将校二千二百六十八人、准仕官以下五万七千三百人、馬匹一万三千頭が整理され、経費三千六百万円（陸軍費の一割五分）が節減された。戦力にして約五個師団分の縮小である。しかしこれでも国内には不満の声が大きかった。約四割を縮小した海軍に比べ、まだまだ不十分なのだ。

そこで登場したのが加藤高明内閣の陸相・宇垣一成（一八八六〜一九五六。陸士一期）大将。宇垣陸相は大正十四（一九二五）年五月、思い切った軍縮を断行した。大正十二（一九二三）年九月一日に関東大震災が起き、その復興事業費と不況対策のため国家予算の大幅な削減が必要となり、陸軍もまた一段と整理縮小が求められたのだ。一年前の大正十三年五月の総選挙で護憲三派（憲政会、立憲政友党、革新俱楽部）が圧勝して加藤高明首班の純政党内閣が誕生、政党政治の時代が到来したことを確信した宇垣陸相は、大正十四年陸軍予算綱領の附属文書の冒頭で、こう述べている。以下は大意。

〈一昨年来、国軍制度全般の見直しを進めてきた結果、新装備の整備と国民的訓練の実施は焦眉の急であり、これに要する費用は陸軍自体の財源捻出以外にない。しかるに我が陸軍予算は大正十一年以来数回にわたって整理削減を受け、もはや限界に達している。ゆえに新施設は必要最小限度にとどめ、その建設に幾多の歴史と赫々たる戦跡を有する師団四個の減少、およびその他若干の部隊の改廃をも忍んでこれを断行する次第なり〉

一度に四個師団を廃止することにしたのである。

廃止が決定した師団は第十三（高田）、第十五（豊橋）、第十七（岡山）、それに第十八（久留米）の四つ。このうち第十七師団は宇垣の出身地である岡山の師団である。地元の師団も廃止することで、なんとか風当たりを弱めようとしたのだろう。宇垣は浮いた経費で航空二個連隊を新設、また戦車大隊、装甲自動車隊の装備を欧米並みにし、近代化を図った。

しかし、この四師団削減に伴って合計十六の連隊がなくなり、二千人近い将校が整理されることになった。当然、軍部の不満は強い。それぞれの将校には家族もあり、生活に困ることは目に見えているので、これを何とか手当しないといけない。宇垣はその解決策の一つとして全国中等学校以上の学校に現役将校を配属、学生たちに軍事教練をさせることにした。国防意識を普及させることにもなる一石二鳥のアイディアだ。だがこれも「軍国主義を押し付けるものだ」という激しい批判を呼び、配属将校排斥運動まで起こった。そして同年（大正十四）五月二十五日、廃止された各連隊は軍旗を奉じて宮城に集結した。連隊旗の旗手たちは号泣しながら連隊旗を天皇に返還した。

大阪は「対軍非協力」

山梨軍縮および宇垣軍縮の結果、日本陸軍は平時戦力の三分の一が削減されたことになり、宇垣の英断に国民は拍手喝采したが、一方、軍部の威信は完全に失墜した。軍部、軍人の不平・恨みは大きく、それが日本を戦争に駆り立てる大きな要因となった。また恨みを買った宇垣自身も、そのためついに首相にはなれなかった。

この頃、流行した戯れ唄にこんなものがあった。

「貧乏少尉にやりくり中尉、やっとこ大尉で百十四円、嫁ももらえん、ああかわいそ」

関東大震災の復興費用捻出のため軍人の給料は一律に引き下げられ、また大正末期のインフレも重なって将校たちの給与は大打撃を受け、結婚もできないような事態になってしまった。なにしろ有名女学校の卒業生はまず軍人とは結婚しなかった。明治時代と比べると、驚くべき変わりようである。あまつさえ大正デモクラシーの反戦平和思想が普及、それに伴って軍人に対する世間の人気も凋落し、電車内で乗馬靴の拍車がちょっと職人の足に触れようものなら「おい、鶏のケヅメで引っ掻くな」とドヤされる有り様。そのため電車に乗るにも気兼ねして、わざわざ平服に着替えて乗る軍人が多かった。

大阪でも状況は同じで、第二次山梨軍縮で第四師団軍楽隊が廃止になったのはまだしも、宇垣軍縮では第九連隊が京都に移駐、第四師団から第十六師団に所属変更になった。大阪では軍部のフラストレーションがたまり、以後、切歯扼腕の時代が続くことになる。

ついでに触れておくと、第二次山梨軍縮で廃止になった第四師団軍楽隊は大阪市と交渉、半官半軍の「大阪市音楽隊」として再スタートし、昭和九年には大阪市直営となった。およそ五十人の音楽隊メンバーは全員大阪市の職員となり、戦後の昭和二十一年、「大阪市音楽団」と名称を変え現在に至っている。略称「市音」の同楽団は日本で活動しているすべてのオーケストラ・バンドで最古の歴史を誇り、かつ日本唯一の公立プロ吹奏楽団として現在も大阪市民に愛されている。

さて、そんな宇垣軍縮のあった大正十四（一九二五）年、大阪で「軍縮反対」を訴える講演会が開かれた。昭和四十二（一九六七）年十二月十五日付『大阪読売新聞』の連載「百年の大阪」の中で石井嘉穂・元陸軍中将がこんな興味深いことを語っている。

「軍部が、大阪の対軍思想に〝要注意〟のマークをつけたのは、久しい以前からのことでしたよ」

その具体的な内容はこうだ。

大正十四年、宇垣軍縮を受けて陸軍省は軍縮否定の講演会を大阪で開いた。参謀本部から、のち我が国最後の陸相となり戦後は参議院議員を務めた下村定（一八八七〜一九六八）、関東軍の満州事変陰謀（昭和六年九月）に加担する建川美次（一八八〇〜一九四五）ら若手将校三人が乗り込み、「軍縮どころか、軍拡をしなければいけない時代だ」とブチまくった。

ところが聴衆の反応はまるでなく、会場は静まり返ったまま。それどころか〝カミナリ親父〟の異名で関西財界を牛耳っていた平生釟三郎などは「陸軍がそんな考えを持っとるんやったら、こら、いよいよ軍拡に反対せないかん」と広言、講演会はヤブヘビになってしまった。陸軍の将校連はこの報告を受けて「大阪人は対軍非協力だ」と憤慨し、同時に、このままではいかん、もっと大阪の市民と接触を密にしなければ……という考えが陸軍部内に強まった。

そのためには第四師団の師団長に人物・識見ともに備わった大物を起用、市民との意思疎通を図る必要があるとし、その一番手として昭和五年十二月に赴任してきたのが阿部信行中将（当時の陸軍大臣代理。のち大将）だ。阿部は石川県出身（陸士九期）で、昭和十四（一九三九）年、独ソ不可侵条約締結の報を受け「欧州情勢は複雑怪奇」の迷句を残して退陣した平沼騏一郎の後を受けて首相になった人物だ。次いで昭和七年一月、広島の第五師団から横すべりしてきたのが寺内寿一。もともと陸軍では寺内がお坊ちゃま育ちでわがままなことは承知していたので、ブレーキ役として慎重居士の井関隆昌大佐を参謀長として送り込んだのだと石井元中将は語っている。ところが井関参謀長は慎重居士どころか、実際は寺内師団長を煽るほどの頑固で強権的な人物だった。

新聞紙上でこの事実を話した石井嘉穂（一八九〇〜一九八二）は山口県出身（陸士二十四期、陸大三十二期）で、第三十二師団の終戦時の師団長。第四師団には司令部付として二度勤務した経験があり、戦後は伊丹市に住んだ。

また「こら、いよいよ軍拡に反対せないかん」と発言した平生釟三郎（一八六六〜一九四五）は明治から昭和前期にかけて活動した財界人であり教育者。岐阜県生まれで、東京高等商業学校（現・一橋大学）卒業後、同校助教諭などを経て東京海上火災に入社、大正六年に同社専務。ゴー・ストップ事件が起きたのは昭和八年だが、その年の三月には川崎造船社長に就任している。のち広田弘毅内閣の文部大臣。教育にも熱心で、甲南小学校、甲南中学校、甲南高等学校（旧制。現・甲南大学）を設立、甲南学園理事長でもあった。

寺内師団長や井関参謀長には、当時猛然と起こっていた軍部独裁の流れに、早く「対軍非協力」の大阪も同調させたいという焦りがあったのではないか、と石井嘉穂は指摘している。

逆にいうと、ゴー・ストップ事件が大阪で起きた背景にはこうした地域的特性もあったといえる。首都・東京はすでに軍部の完全支配下にあり、こうした事件が起きる余地はきわめて少なかったが、町人の街であり反軍意識の強い大阪にはまだ軍部勢力が充分に浸透しておらず、地方行政機関である府警察が第四師団を敵に回して戦うだけの気概がまだ残っていたのだろう。

バーデン・バーデンの密約

山梨軍縮、宇垣軍縮をダイエットに例えると、その後の軍部の暴走・膨張はさしずめリバウンド、それも猛烈なリバウンドといっていいだろう。不遇の時代を余儀なくされ、唇を嚙み締めて「臥薪嘗胆、いまに見ておれ」と誓っていた青年将校団を中心に、さまざまな事件が起き始める。不満を持つ青年将校は、陸士（陸軍士官学校）でいうと十六期以降が多かった。ごく一部を除いて、日露戦争などに出征して活躍、個人感状や金鵄勲章をもらって出世するのは十五期までで、それ以後の連中は活躍の場・出世の道が閉ざされ、「たとえ非合法的手段であっても国家改造を成し遂げなければならない」と思い詰めるに至る。個人感状を受けるのは軍人にとっての最高の栄誉で、「武功抜群」の軍人に与えられる金鵄勲章も同じ。ただし金鵄勲章はのち戦死した軍人だけが授与の対象になった。

陸士十六期といえば大正十（一九二一）年十月二十七日、ドイツ南部の温泉保養地バーデン・バーデンに集まって、いわゆる「バーデン・バーデンの密約」を交わした永田鉄山（のち中将。一八八四〜一九三五）、小畑敏四郎（のち中将。一八八五〜一九四七）、岡村寧次（のち大将。一八八四〜一九六六）の三人は全員陸士十六期だ。やがて「陸軍三羽烏」と呼ばれるようになるこの三人は、「軍の近代化」「国家総動員体制の確立」「人事（長州閥）の刷新」などを話し合い、ここで確認されたことは後の陸軍の方向性に大きな影響を与えた。翌二十八日には当時ベルリン滞在中の東條英機（のち首相。一八八四〜一九四八）も合流している。東條は一期下の十七期だ。永田と小畑はのち不和になる。

このバーデン・バーデンの会合について、岡村寧次はこう書いている。

「……永田鉄山、小畑敏四郎と私との関係は巷間いろいろの出版物に記されているが、その真相を明らかにしておく。永田と私は東京陸軍地方幼年学校第二期生として十五歳の少年時代からの親友であり、殊に少尉任官後は酒飲み友だちとして相許すなかであった。

小畑と私は、中央幼年学校の同期同中隊であったが、その気骨のある点で共鳴し、また共に一時的ながら歩兵第四十九連隊に入り、日露戦争に出征し北鮮警備に当たったので親密の度を増した。われら三者は、大尉から少将時代にかけて何れも、陸軍の情弊に憤慨して、窃《ひそ》かに革新に志していた。（中略）

（中国に出張したあと）一時的に欧州に出張を命ぜられ数カ月間、ソ連駐在武官として独逸《ドイツ》の伯林《ベルリン》に（入ソできないため）在留していた小畑の許に仮寓していた。大正十年（西紀1922年）後半である。

当時わが陸軍には二つの大きな情弊欠陥があると私共は思っていた。その一は、人事公正を欠き殊にいわゆる長州閥の専横であり、その二は、統帥権の殻に籠り国民と離れて居り、もっと『国民と共に』というように改めなければならないということで、この後者は欧州に来て各国の情況を視て、ますますその必要を感じていた。

そこで、当時瑞西《スイス》に駐在していた永田と連絡の上、私共は、この年の十月二十七日、バーデン・バーデンに会合、ステファニー・ホテルに投宿して大いに語り、翌二十八日もフランクフルト・アンマインのフランクフルター・ホーフに投宿して談じ続け、結局帰朝後は、前記の同期生や、第十五期、第十七、八期にも同志を求めてグループを作り、進退を賭して陸軍の革新に乗り出すことを盟結したのであった。結局、これが一夕会の発端であった」（『岡村寧次大将資料　上巻』原書房）

一夕会というのは昭和四（一九二九）年に発足した佐官級幕僚将校たちの会である。

陸軍の〝リバウンド〟、つまり巻き返しの最初のきっかけは昭和五（一九三〇）年一月のロンドン海軍軍縮会議だろう。

ロンドン海軍軍縮会議の参加国は英、米、仏、伊、そして日本の五カ国で、戦艦の建造は五年間禁止を延長、英米日保有トン数十五対十五対九、八インチ砲巡洋艦米日比率十対六、補助艦総トン数対米十対六・九七などと決められた。この条約に調印した浜口雄幸内閣に対し軍部や右翼、野党の政友会などが猛反発、「統帥権干犯だ」と非難した。明治憲法第十一条には「天皇は陸海軍を統帥す」とあり、また同十二条には「天皇は陸海軍の編成及び常備兵額を定む」とある。その天皇をさしおいて政府が兵力数を決めるというのは天皇の統帥権を犯すものだ、というのだ。このため〝ライオン宰相〟と国民に慕われた浜口雄幸首相は同年十一月十四日、東京駅で右翼青年に狙撃され、この傷がもとで翌年八月に死去した。犯人は「統帥権を干犯したから撃った」と供述したが、「統帥権とは何か？」と質問されても答えられなかった。

翌年の昭和六（一九三一）年三月から昭和七年五月まで、国内では三月事件、十月事件、血盟団事件、五・一五事件と、立て続けに軍人および右翼が絡んだ重大事件が起きている。

まず昭和六年三月に起きた三月事件は未遂に終わった陸軍中堅将校たちによるクーデター計画。橋本欣五郎（陸士二十三期。一八九〇〜一九五七）大佐など桜会の幹部将校に大川周明（昭和期の国家主義者。一八八六〜一九五七）や宇垣一成陸相周辺の陸軍幹部などが加わって宇垣内閣樹立を画策したが挫折した。事件の詳細は極秘にされ、責任はすべて民間人の大川周明にかぶせて軍人は誰一人処罰されなかった。桜会というのは国家改造を旗印に、橋本欣五郎ら参謀本部幕僚など、陸軍中堅将校で構成された急進派組織だ。

そして同年十月に起きた、やはり軍部急進派のクーデター未遂事件が十月事件。三月事件に失敗した橋本欣五郎ら桜会幹部が大川周明、西田税《みつぐ》らと共謀、若槻礼次郎首相以下を暗殺して荒木貞夫内閣の実現を狙った。事前に計画が漏れて失敗に終わったが、若槻内閣は倒れた。このときも処分は行われず、軍部はますます増長する。

未遂に終わった三月事件、十月事件に対し、実際にテロを行ったのが前章でも少し触れた血盟団事件。血盟団は日蓮宗僧侶の井上日召が組織した狂信的右翼団体で、「一人一殺」主義で政財界人を暗殺、国家改造を図ろうとし、昭和七年二〜三月にかけ、前蔵相の井上準之助（一八六九〜一九三二）と三井合名理事長の団琢磨（一八五八〜一九三二）を射殺した。井上日召ら三人は無期懲役刑になったが、八年後の昭和十五（一九四〇）年、恩赦で全員出獄した。この事件は同年五月の五・一五事件の引き金になった。五・一五事件については前述したが、この血盟団事件の延長線上にある事件といっていいだろう。

前述の宇垣一成はこう書いている。

「陸軍が腐敗しだしたそもそもの原因は、大臣などの上に立つ人間が、若い者をおだてて人気取りをやったことに始まる。それが若い者を増長させ、上の者のいふことを聞かなくさせた最大の原因で、軍の一番大事なことである『秩序』が乱れるもとになった。

当時の兵隊は、まづ八割近くが農村の出身であったが、農村は全く不景気で、農民は窮乏のあまり可愛い娘を身売りさせるという悲惨な例は決して珍しくなかった。感受性の強い少尉、中尉などの若い軍人は、農村出身の兵隊から、ぢかにその実情を聞いて深く同情し、『これでは日本は立ちゆかない。なんとかして、農村を救済し、農民が食べて行かれるやうにしなければ、日本はあぶない』といふ空気が青年将校の間にだんだん濃くなって来た。そこで若い連中は当時の腐敗した政党政治に見切りをつけて、自分達が自らの手で実力行為によって政治の改革をやる以外に日本を救ふ途はないといふ考えの者が増えて来て、これが五・一五事件となり、二・二六事件となったわけだ。

五・一五事件では、荒木（貞夫）は責任者として当然やめなければならなかった。その前に桜田門不敬事件があった。少なくも警衛の任にあった内務大臣、陸軍大臣は警備上の責任を取るべきで、荒木は当然やめることと私は思っていた。それにもかかわらず荒木はやめなかった。五・一五事件では首相が白昼軍人の手で殺されたといふのに、荒木は頰冠りで通した。ずいぶん大義名分を乱してしまった」（宇垣一成著『宇垣日記』朝日新聞社）

桜田門不敬事件というのは昭和七年一月八日に起きた昭和天皇暗殺未遂事件。この事件でも荒木貞夫陸相は自らの責任を回避したのだ。

「ススメ　ススメ　ヘイタイススメ」

この間、中国大陸では関東軍が満州事変を引き起こしている。昭和六年九月十八日、関東軍は奉天郊外の柳条湖の鉄道爆破事件を起こして満州（中国東北部）侵略を開始、政府の不拡大方針を無視して翌昭和七年一月までに満州・東三省（奉天・吉林・黒龍江）をほぼ占領、同年三月一日、満州国として独立させた。関東軍は同年七月から翌昭和八年三月にかけて熱河省（内モンゴル）の省都・承徳を占領している。いわゆる「熱河作戦」で、熱河省からさらに河北省にも侵攻、一連の大陸政策を展開中で、陸軍の鼻息は荒くなる一方だった。

満州事変の最高責任者は関東軍司令官の本庄繁（兵庫県出身。一八七六〜一九四五）。昭和七年三月に満州国が成立すると意気揚々と凱旋、世間もこれをもてはやし、本庄は翌年三月には勲一等瑞宝章を受章、四月には侍従武官長に就任し、六月に大将に。翌七月には満州事変の功により金鵄勲章を受章、さらに昭和九年には日本における最高位の勲章である勲一等旭日大綬章が与えられ、昭和十年にはとうとう男爵に叙せられた。侵略の最高責任者をこれほどまでに褒めそやし、厚遇するというのは、どう見ても尋常ではない。関東軍の暴走を追認するものであり、以降、満州は〝当然の既得権〟と見なされ、軍部には「何をやっても許される」というおごりが蔓延していく。また、こうした事態を怪しむだけの見識・分別が政府、新聞、国民、そして天皇にも希薄だったといわざるを得ない。

本庄はまた二・二六事件でも関与が指摘されている。娘婿の山口一太郎（歩兵第一連隊中隊長）大尉を通じて事前に計画を承知していたようなのだ。反乱部隊に協力した山口一太郎は二・二六事件で無期禁固になっている。それもあって、当時侍従武官長だった本庄は「青年将校たちの国を思う心情を認めてほしい」と何度も天皇に奏上している。敗戦直後、本庄は自決した。

満州事変に対し、国際連盟はリットン調査団を派遣（昭和七年二月二十九日に調査団来日）、日本軍の満州からの撤兵を要求したが、日本はこれを拒否、昭和八年三月二十七日、ついに国際連盟脱退を宣言した。

また軍部は満州国建国宣言直前の昭和七年一月に第一次上海事変を起こしている。満州事変から世界の目をそらし、中国の抗日運動を弾圧するため口実を設けて上海占領を計画したのだ。中国側の抵抗、国際連盟への提訴、さらに米英の抗議で同年五月に停戦協定が結ばれ、日本軍は撤兵した。

この頃には軍人もすっかり自信を取り戻し、街中でも軍服を着てそっくり返って歩くようになった。一般人を「地方人」、背広を「商人服」などと大っぴらに呼ぶようになるのもこの頃である。

軍や政府は、満州事変勃発とともに、積極的に国民の戦時意識を高揚させようとし始める。その一つが教科書の改訂だ。

教科書の国定制度は明治三十七（一九〇四）年からスタート、その後大正七（一九一八）年の改訂を経て昭和八年に全面的に改定された。大正七年から昭和七（一九三二）年まで使われた第三期国定教科書を見ると、大正デモクラシーを反映して反軍国主義的、かつ国際協調を強く訴えたものになっている。たとえば修身教科書では、新たに誕生した国際連盟のメンバーとして「世界平和に貢献しなければいけない」と説いている。

しかし昭和八年の改訂では一転して忠君愛国の精神を鼓吹するものになった。国語では第三期の「尋常小学国語読本」が「ハナ、ハト、マメ、マス」で始まっていた（通称「ハナ・ハト読本」）のに対し、第四期の「小学国語読本」では「サイタ、サイタ、サクラガサイタ」「ススメ、ススメ、ヘイタイススメ」に変わっている（通称「サクラ読本」）。また文永・弘安の役（元寇。一二七四年、一二八一年）で吹いた暴風を「神風」とはっきり述べたのはこの第四期教科書（「歴史」）。

教育の軍国主義化が鮮明になってきたのだ。

戦時意識を植え付けるという点では防空演習も同じ。国家総動員体制を作り、総力戦の準備を整えるのが防空演習の目的で、その代表例が昭和八年八月九日から十一日にかけて行われた第一回関東地方防空大演習（東京、神奈川、千葉、埼玉、茨城）だ。半径一五〇キロの想定区域に高射砲隊、聴音機隊が陣地を構築、また丸の内防空の要として高射砲連隊が宮城、坂下門前広場を占領するなど、対空監視活動、救助活動、灯火管制の演習を行った。

これを痛烈に批判したのが先に触れた信濃毎日新聞主筆の桐生悠々（一八七三〜一九四一）の書いた八月十一日付社説「関東防空大演習を嗤《わら》ふ」だ。中身を少し紹介する。

「将来もし敵機を、帝都の空に迎えて、撃つようなことがあったならば、それこそ、人心阻喪の結果、我はあるいは、敵に対して和を求むるべく余儀なくされないだらうか。なぜなら、この時に当たり、我機の総動員によって、敵機を迎え撃っても、一切の敵機を射ち落とすことあたわず、その中の二、三のものは、自然に、我機の攻撃を免れて、帝都の上空に来たり、爆弾を投下するだろうからである。そしてこの討ちもらされた敵機の爆弾投下こそは、木造家屋の多い東京市をして、一挙に、焼土たらしめるだろうからである。（中略）だから、敵機を関東の空に、帝都の空に、迎え撃つということは、我軍の敗北そのものである（後略）」

この大演習の模様はラジオを通じて全国民に知らされた。ますます高くなる軍靴の響きに戦慄し、

「こんな事態は将来絶対にあってはならない」と思った人も多かっただろう。

『大阪の世相』(岡本良一・渡辺武著、毎日放送編)という本によると、この昭和八年、大阪ではミスワカナ・玉松一郎の漫才コンビがこんな漫才をやっていた。


「いまや我が国は内外多端である。欧州の風雲は急を告げている」

「そうです」

「焼夷弾に毒ガス弾に爆弾、ドン、ドーンと投下されたらどうなると思うね」

「人は焼かれる、町は死ぬ」

「アベコベです」

「うろたえると、えてしてとりちがえます」

「うまいこと逃げたね」

「そこで灯火管制で電気を消す」

「うちなんか、自分で消さなくても電気局がチャンと消してくれています」

「へえ、電気局が?」

「電気代払わんから、向こうで消してくれました」

「そんなこと自慢にならん」

「しかし、この防空ということは軍人さんが大変お好きです」

「軍人さんが?」

「だって歌にあります、防空（ぼく）は軍人好きよー」
「変な声だすな」
「大都会の夜は静かにふけ渡る、突如としてひびく敵機来襲の警報、ヒューッ」
「街灯が消えた」
「敵機を打ち落せ」
「女ながらも国のため、私も打ち落します」
「へえ、どうやって打ち落す」
「私は美人だから、くらがりでつきまとう奴は、ヒジ鉄砲でドスーン」

ミスワカナ・玉松一郎は当時、横山エンタツ・花菱アチャコと並んで一世を風靡した人気漫才コンビで、このときのミスワカナは初代。二代目がのちのミヤコ蝶々だ。

灯火管制を伴った最初の本格的な防空演習は実は大阪で行われた。昭和三（一九二八）年の七月五〜七日にかけてで、主宰は第四師団（当時の師団長は菱刈隆。のち大将）である。「対軍非協力」が顕著な大阪を、何とかしたいという軍部の思惑からなのだろう。

軍人人気の復活は、陸軍士官学校や陸軍幼年学校志願者の急増にも現れている。昭和八年の陸軍士官学校定員四百六十五人、陸軍幼年学校定員百二十人に対し、陸士一万六百余人、幼年学校六千人の志願者が殺到したのだ（九月三十日付『東京朝日新聞』）。荒木貞夫陸相はさぞや満足だったろう。

特高警察

ゴー・ストップ事件では、増長した軍のいやがらせは新聞記者にも及んだ。当時大阪毎日新聞の記者だった前記の小林信司がこう回想している。

「僕は府庁詰めだから府庁に詰めてるでしょう、記者室にね、すると第四師団担当の記者から電話がかかってきてね、『信ちゃん、いまどうしてる』って聞くから『しばらくは府庁の記者室にいる』いうたら、『じゃあしばらくそこにいてくれ』というので何だろうと思って待っているところへ憲兵が来て『ちょっと一緒に来てくれ』といって引っぱって行かれたのが大手前の憲兵分隊なんです。これが最初で、多分七月の終わりごろやなかったかと思います。取り調べの目的は、僕の書いた記事が毎日、新聞に出るでしょう。兵隊が前に交通違反を何べんもやって、そういう公徳心ない男だとかね、まあそういうような中村（一等兵）の悪口みたいなものをね、記事にするでしょうが。それが軍の気に入らんわけですね。だからそういう材料が誰から出ているのかということを僕の口からいわせようとするわけです。こっちは新聞記者だから記事の出所は一切いえんといって突っ張るものだから、いつまでたっても平行線で片付かなかったわけですね。

そのとき憲兵隊へ行くと、軍刀をガシャン、ガシャンとやって、ヒゲをひねりひねりね、大声で一喝したりしてですね、『天皇陛下の股肱である軍隊と、内務省の雇い人である警察とどっちが大事と思うか』っていうようなね、愚問を発して問いつめるわけです。『軍のいうことを聞かなかったらほうり込むぞ』というから、『これは面白い、ほうり込めるならほうり込んでみい。俺は警察の留置場なら知ってるけど、憲兵の留置場は知らんからなあ』とか何とかいっててね」（前掲『NHK　歴史への招待　第29巻　二・二六事件』）

当時だからこれで済んだが、あと二、三年あとだったら、おそらく無事には済まなかっただろう。実際、日中戦争に小林信司記者が従軍し、たまたま寺内寿一・南方方面軍司令官に面会を求めたところ、「おお、小林か。よくきた」と寺内は快く面会に応じたが、「おい、もうあの時代とは違う。だだをこねることは許さぬぞ」とクギを刺したという。

また小林信司は別のところでこんなエピソードも書いている。

ゴー・ストップ事件から二年後、毎日新聞社の田中忠弥という人が大阪の第四師団に入隊した際、中隊長は「もしゴー・ストップ事件のようなことが起こったら、その場で相手を刺殺せよ。衆寡敵せず捕われる位なら、割腹して死ね」と訓示されたというのだ（前掲『「ゴー・ストップ事件」の社会史的意義』）。ほとんど狂気である。

ここまで主に陸軍の横暴について書いてきたが、事件の時代的背景として見逃せないのが官僚、ことに内務省を中心とした新官僚といわれる勢力である。先に松本学のことを紹介したが、松本より十歳年下の岸信介（その後総理。一九六〇年の安保闘争で退陣。安倍晋三の祖父）もその一人だ。政党政治に代わって軍部の革新勢力と提携することで政治の中枢に進出したのが新官僚と呼ばれる高級官僚の一群で、親軍・反政党政治による統制国家を主張した。いわゆる特高は、その内務省の直轄下にあって、強力な警察国家を作り上げつつあった。

明治四十三（一九一〇）の大逆事件（明治天皇暗殺計画の容疑で多くの社会主義者が逮捕、翌年処刑）を機に翌明治四十四年、警視庁内に作られた特別高等警察課（特高）は、その後各県にも配置、内務省の直轄組織として治安維持法（大正十四年公布）などに基づき自由主義や社会主義、共産主義運動を弾圧した。ゴー・ストップ事件の前年（昭和七年）には「課」から「部」に昇格、いっそう強化されて満州事変以降の国内戦時体制強化の主導権を握るに至った。もともと軍事行動と治安維持は車の両輪なので、軍部とは同じ側に立っていて同時にライバルであるという関係といっていいだろう。

特に特高警察と結びついた治安維持法は「国体の変革」や「私有財産制度の否認」などを目的とする結社活動・個人的行為を取り締まる苛烈な法律で、昭和三（一九二八）年には緊急勅令で最高刑を死刑に変更（のち昭和十六年にも改訂）して言論・思想の自由を弾圧する強力な武器になった。昭和三年から昭和十五（一九四〇）年までの治安維持法による検挙者数を表に見てみる。カッコ内は起訴者数だ。

1928 年	（昭和 3 年）	3,426	（525）
1929 年	（昭和 4 年）	4,942	（339）
1930 年	（昭和 5 年）	6,124	（461）
1931 年	（昭和 6 年）	10,422	（307）
1932 年	（昭和 7 年）	13,938	（646）
1933 年	（昭和 8 年）	14,622	（1,285）
1934 年	（昭和 9 年）	3,994	（496）
1935 年	（昭和 10 年）	1,785	（113）
1936 年	（昭和 11 年）	2,067	（158）
1937 年	（昭和 12 年）	1,312	（210）
1938 年	（昭和 13 年）	982	（240）
1939 年	（昭和 14 年）	722	（388）
1940 年	（昭和 15 年）	817	（229）

治安維持法による検挙者数。カッコ内は起訴者数

以上の数字は中澤俊輔著『治安維持法』（中公新書）に拠った。

もっとも検挙者数の多いのが昭和八年で、その具体例として同年二月二十日午後一時、『蟹工船』や『不在地主』などで知られる作家の小林多喜二が東京・築地署の特高主任などに逮捕され、その日のうちに死亡した事件が挙げられる。小林多喜二は三十歳で、共産党員として非合法活動中だった。警視庁の発表は「心臓マヒ」とされたが、実際は特高警察に言語に絶する拷問を受けていた。体中傷だらけで、ことに睾丸や太ももは通常の二倍に腫れあがっていたという。明らかな虐殺である。

また内務省による思想弾圧事件としては同年四月に滝川事件（京大事件）が起きている。京都帝大・滝川幸辰《ゆきとき》教授の刑法学説は国体に反する赤化思想だとし、時の文相・鳩山一郎が滝川教授の罷免、休職を要求、また内務省は同教授の『刑法読本』（昭和七年、大畑書店刊）、『刑法講義』（昭和五年、弘文堂刊）を「安寧秩序紊乱」の罪で発禁処分にした。

これに対し大学の法学部教授会は人事への不当介入に抗議、また「学問の自由」を主張して全員が辞表を提出して抵抗したが、結局、佐々木惣一（昭和九年に立命館大学学長。一八七九〜一九六五）、末川博（戦後は立命館大学学長・総長を務めた。河上肇の義弟。一八九二〜一九七七）など七教授が辞職して終わった。弾圧の対象が社会主義思想から自由主義思想にまで一気に拡大した事件だった。

「出版法」と「新聞紙法」

このとき内務省が法的拠り所としたのが「出版法」である。明治二十六（一八九三）年にできた言論弾圧法規で、すべての出版物の取り締まりを目的とした。その第十九条にはこうある。

「安寧秩序を妨害し又は風俗を壊乱するものと認むる文書図画を出版したるときは内務大臣に於て

その発売頒布を禁じその刻版及印本を差押ふることを得」

「出版法」とともに言論取り締まりのための法律「新聞紙法」もたびたび適用された。こちらは明治四十二（一九〇九）年にできた法律で、二十三条では「安寧秩序を乱し風俗を害する場合、内務大臣は発売頒布を禁止できる」としている（四十一条では違反した場合の罰則が規定されている）。また二十七条では陸軍・海軍・外務大臣に「軍事・外交に関する事項の掲載を禁止または制限する権限」があるとしている。

「安寧秩序を乱す」「風俗を害する」というのは漠然としすぎていて、どのような場合が該当するのかわからないというので、実際には内務省警保局らがあらかじめ禁止される事項を新聞社に伝えていた。前坂俊之著『戦争と新聞 1926-1935　兵は凶器なり』（社会思想社）によると、掲載禁止事項は次のように多岐にわたっていた。

- 公判に付する以前における予審の内容
- 検事差し止めの捜査又は予審中の被告事件に関する事項
- 公開を停めたる訴訟の弁護
- 掲載許可なき官公庁や議会において公にしていない文書
- 掲載許可なき公開していない会議の議事
- 公にしていない請願書、又は訴願書
- 犯罪を煽動、もしくは曲解する事項
- 犯罪人、被告人を称賛し、救護する事項

• 被告人を陥害する事項
• 同一趣旨の将来の掲載につき内務大臣の差し止めたる事項
• 軍事に関し陸海軍大臣の禁止、又は制限したる事項
• 外交に関し外務大臣の禁止、又は制限したる事項
• 安寧秩序を紊乱する事項
• 風俗を壊乱する事項
• 皇室の尊厳を冒瀆する事項
• 政体を変改し朝憲を紊乱する事項

これでは政府や軍を批判する記事は何も書けない。
また新聞記事の差し止め処分は、その事項の内容によって次の三種類に分類されていたという。

• **示達**—当該記事が掲載された時は多くの場合禁止処分に付するもの。
• **警告**—当該記事が掲載された時の社会情勢と記事の態様如何により、禁止処分に付することがあるかもしれないもの。
• **懇談**—当該記事が掲載されても禁止処分に付さないが、新聞社の徳義に訴えて掲載しないよう希望するもの。

以上三種類だが、実際は一方的な示達、警告が圧倒的に多かった。

たとえば五・一五事件の場合、翌十六日に内務省から差し止め示達が出た。「犯人の身分、氏名等その素性」「事件が軍部に関係ありとし、国軍の基礎に影響あるが如き事項」「本事件発生の原因並に今後起ることありと予見するが如き事項」の各事項である。これに抵触する記事は書くな、というわけだ。

「一九三一（昭和六）年九月の満州事変以来、差し止め件数もうなぎのぼりに増え、一九三二（昭和七）年には差し止め件数はピークに達した。

一九三二年の差し止め件数は六十四件で内訳は示達四十四件、警告十九件、懇談一件となっている。これは一九三一年の実に六倍に激増、『安寧秩序紊乱』にふれた新聞法違反は一九三二年は二千八十一件で前年よりも二・五倍、一九二六（昭和元）年の実に八倍、出版法も含めた全体の件数では四千九百四十五件にのぼり、最高を記録した。翌一九三三年も四千八件とほぼ横ばいだったが、共産主義運動が壊滅させられたため、一九三四（昭和九）年には、千七十二件と一挙に激減した。以後、戦争のドロ沼化とともに、何も書けないキバを抜かれた新聞と化していく」（同書）

新聞の無力化

事実、ゴー・ストップ事件の報道でもそれは明らかだ。その典型が『大阪朝日新聞』で、社会面では連日事件の推移を詳細に書いているが、社説で取り上げたのは四回だけ。それも最初の二回は「ゴー・ストップ事件」とか「進止事件」、「第四師団」、「大阪府警察」などの固有名詞はまったく出てこない。

たとえば六月二十四日の社説「問題の処理は冷静に――国際問題でも国内問題でも」の内容はこうだ。

「世が非常時だというせいであろうか、とかく国民の神経が尖り、事の処置に冷静を欠く。このために、わが国には国際的にも国内的にも、行き詰まっている問題が甚だ多い。これを遺憾とするもの、ひとり吾人のみではあるまい。非常時非常時という空気に押されて、国民の神経が尖り、とかく冷静を欠くに至る心理は吾人にも理解されぬことはない。しかしこれがために、徒なる抗争にふけり、とどのつまり問題を行詰まらせることは国家生活から見ても、国民生活から見ても、その本質その目的に反するものといはなければならない」

といった調子で、一般論でしか書かれていない。七月三日の社説「社会集団の争い――結局国家の損」も同じ。社会集団はお互いに協力し合わなければならないと説き、最後にこう書いている。

「軍隊と警察の争いにしても、国家の立場からいえば、どちらも国家の大切な機関で、軍隊側が勝って警察の威信を傷つけられても、また警察側が勝って軍隊の名誉が損なわれても、どちらにしても同様に困るのである。だから社会集団の相争う場合には、その責任者たちは、お互いに力を合わせ心を一つにして日本国という一つの車を押しつつあるのだといふ社会連帯の意識、即ち各方面から全体の関係の自覚をもつことによりて、水車を空中に引あげ回転させるような理屈はやめて問題がぬきさしならぬ所におひつめられる以前に、早く円満なる妥協点を見出すことによりて解消されることを努めなければならないのである」

そもそもが悪文で、意味がよくわからない。

ようやく「進止事件」という名前が出てきたのは十一月十七日付の三回目の社説「進止事件――喜ばしい円満解決の兆し」だが、これも『信濃毎日新聞』における桐生悠々のように事件を真正面から論じたものではない。しかもごく短い。全文を紹介する。

「一兵士と一巡査との格闘から、第四師団と大阪府との交渉が、五ヶ月間にわたって、もつれにもつれ、朗らかなるべき市民の共同生活上に一抹の暗い影を投げかけていたいはゆるゴー・ストップ事件も、各方面からの熱心な調停運動が功を奏して、いよいよ法的裁断によることなく、常識的妥協による円満解決の見込みがついたと伝えられるのは目出度いことである。かくて軍人の威信をも損ふことなしに、双方の釈然たる諒解ができ、ここに抗争を解消することは、一般人の心をおちつかしめ、和平親愛の感を懐しむる点からも、時節柄まことに喜ばしい」

たったこれだけである。和解が成ったあとの十一月二十日の社説はこれよりは少し長いが、内容はほぼ同様で、「(双方とも)なほ主張すべきことも多かったであろうが、それらを各当事者がことごとく一擲《いってき》し、融和互譲の精神に本づいて、釈然過去を解消したことは、その心事に対して敬意を表さなければならぬ。(中略)これを契機として、軍隊も警察も市民も、一層相互の理解を進め、全国民が融和団結して、この非常時局を突破するこそ、今日の喫緊事であろう」などと書いている。これでは「キバを抜かれた」といわれても仕方ないだろう。

『大阪毎日新聞』も同じようなもので、六月二十六日の社説「人間的修養と同胞の情味―交通事件からの感想」では「要するに両者に同情と理解と人間味とが欠乏しているがために、常にこの不愉快な街頭の小事故がおこる。すべてが人間的修養と反省との欠乏からくる」と、完全にツボを外している。

大阪ではかつて『大阪朝日新聞』が「白虹事件」と呼ばれる新聞史上最大の筆禍事件（言論統制事件）を起こしている。

大正七（一九一八）年八月二十五日、米騒動問題に関して「関西新聞社通信社大会」が開かれ、『大阪朝日新聞』は二十六日付夕刊でその模様を伝えたのだが、その記事中に「白虹日を貫けり」という故事成語があった。『史記』に出てくる言葉で、内乱が起きる兆候の意。「日」は始皇帝を、「白虹」は凶器を暗示する。寺内正毅内閣はこれをとらえ「皇室を冒瀆し、国家の存立基盤を不法に乱すもので、朝憲紊乱に当たる」として新聞紙法違反で起訴した。当時『大阪朝日新聞』はシベリア出兵問題、米騒動問題で寺内内閣の責任を厳しく追及しており、寺内首相は報復の機会を狙っていたといわれる。『大阪朝日新聞』は存亡の危機に陥った。

激高した右翼団体（黒龍社）の壮士たちが朝日の村山龍平（一八五〇～一九三三）社長に暴行を加える事件も起き、社長が上野理一に交代、自己批判の内容弁明書を出してようやく発行禁止を免れた。この事件で鳥居素川（一八六七～一九二八）編集局長、長谷川如是閑（一八七五～一九六九）社会部長、大山郁夫（一八八〇～一九五五）論説記者、さらには丸山幹治（一八八〇～一九五五。丸山三兄弟＝丸山鉄雄、丸山真男、丸山邦男の父）ら幹部・花形記者が次々と退社した。なお村山龍平は一時社長を退いたが、翌大正八年、株式会社に改変した際に社長に復帰、以後没するまで社長を務めた。

この白虹事件は『大阪朝日新聞』のみならず新聞界全体に大きな衝撃を与えた。ゴー・ストップ事件が起きたとき、村山龍平はまだ社長を務めており、しかも第四師団長は寺内正毅の息子の寺内寿一。権力に抵抗することの難しさ、新聞紙法の恐ろしさを十分知っていたため、ことさら社説などでは「不偏不党」に徹したのではないだろうか。ちなみに村山が没したのはゴー・ストップ事件解決直後の十一月二十四日。これも何やら因縁めいている。

つけ加えておくと、昭和十三（一九三八）年、作家・石川達三（一九〇五～一九八五）の『生きている兵隊』も新聞紙法に引っかかって発禁処分になった。特派員として南京攻略戦を取材した石川達三は、日本兵による虐殺を描いた同作品を『中央公論』の昭和十三年八月号に発表したが、即日発売禁止になり、石川は新聞紙法違反で起訴されている。

昭和八年の諸世相

さて、ではこのゴー・ストップ事件はいったいどんな歴史的意味を持つのか。

事件の起きた昭和八年の日本は、金融恐慌、失業者の増加、農村恐慌からは徐々に立ち直りつつあったが、厭世気分から自殺者が急増した。ことに伊豆大島の三原山は自殺の名所と化し、一月九日の第一号以来、一年間で男八百人余、女百四十人余、未遂はこれを上回るという未曾有の事態になった。大阪市でも昭和八年の自殺者は前年に引き続き千人の大台を超えている（千百八十二人）。五年前の昭和三年は五百六十六人だったから、倍増である。

ここで昭和八年七月に東京で起きた、ある自死事件について書いておきたい。産業構造の変化に伴う事件だ。

若い世代の方はご存知ないだろうが、昭和初期までの映画は「無声映画」だった。映像だけで、音声はなかったのだ。映像と音声とを一致させて映写するトーキーの輸入・公開が始まったのは昭和四（一九二九）年。世界最初のトーキー作品はアメリカの『ジャズ・シンガー』とされているが、日本における初の本格的トーキーは昭和六（一九三一）年の『マダムと女房』（五所平之助監督。田中絹代主演。松竹キネマ）だ。またスーパーインポーズ（洋画の字幕）も開発され、昭和六年に日本で公開された『モロッコ』（監督はジョゼフ・フォン・スタンバーグ。出演はゲイリー・クーパー、マレーネ・ディートリッヒ）で初めて日本語字幕がついた。

その結果、「活動弁士」の仕事がなくなってしまった。活動弁士というのは、映画館で映画の画面に合わせて解説する職業の人である。略して「活弁」といわれた。徳川夢声（一八九四～一九七一。のち芸能家・随筆家）や大辻司郎（一八九六～一九五二。俳優の大辻伺郎の父）、牧野周一（一九〇五～一九七五。弟子にポール牧、牧伸二）、大蔵貢（一八九九～一九七八。のち新東宝社長。歌手・近江俊郎の実兄）など、人気活動弁士が数多く輩出された。

しかしその仕事がなくなったため、活動弁士以外の才能を持ったごく一部の人たちを除いて食えなくなり、彼らは争議団を結成して映画会社と闘っていた。

そんな中、松竹系争議団の委員長を務めていた須田貞明という二十七歳の人物がカルモチン（睡眠薬）とネコイラズ（殺鼠剤）を飲んで自殺した。昭和八年七月十日である。須田は浅草の大勝館という映画館の主任弁士だったが、仕事と会社の板挟みになり苦悩、また委員長として十分な成果をあげられなかったことで死を選んだのだ。須田貞明の本名は黒澤丙午といい、その四つ下の弟がのち映画監督になる黒澤明である。これも昭和八年当時の社会情況を反映した悲劇的な事件である。

またこの時代にはファシズム勢力が急激に強くなって政党が弱体化、代わって社会主義運動が活発になってきた。そのため昭和七年、先に触れたように特別高等警察（特高）が課から部に昇格・強化された。ゴー・ストップ事件の前年だ。

この間、軍部は右翼と結んで大陸進出を図り、昭和六年に満州事変を起こしたのは既述のとおり。翌年には上海事変を経て満州国を建国、国際世論の批判を受けて昭和八年三月に国際連盟からの脱退を宣言したばかりだった。また前年の昭和七年には五・一五事件で「話せばわかる」と暴漢たちに対座した犬養毅首相は「問答無用」と射殺され、政党政治は終焉した。

ドイツでヒトラー内閣が成立（昭和八年一月）したのに呼応するように陸軍は急速に勢いを増し、昭和十一年の二・二六事件を経て昭和十二年七月にはついに日中戦争を開始する。満州事変から日中戦争に突入する中間過程に位置するのが昭和八年なのだ。

先に紹介した、当時『大阪毎日新聞』の府庁担当記者だった小林信司がこう書いている。

「大陸に予想された大戦争を前に、国内では『一九三五・六年の危機』が声高く叫ばれ、血なまぐさいファッシズムの嵐が吹きまくり、軍事行動と治安維持は不可分の関係にあったから、軍と官とは国家を支える二大支柱であり、両者の関係は一つ穴のむじなであると同時に、強力なライバルでもあったのである。すでに手にあまるほどに成長した軍の政治権力と、政治行政の主導権を奪われかけている官僚、とりわけ人民支配の代表選手である内務官僚の衝突は必然的に避けられぬ運命にあり、そのバランス破りのキッカケとして利用されたのが『天六事件』であったから、ここで負けたら百年目と、意地と面子にかけて必死の抵抗を試みた、と見るのが『ゴー・ストップ事件』の真相である」（前掲『「ゴー・ストップ事件」の社会史的意義』）

日本の最大の仮想敵国であるソ連はスターリンの指導の下、一九二八年から第一次五カ年計画を遂行、コルホーズ（集団農場）による農業の集団化、および重工業を中心とした工業化に成功して疲弊した経済を立て直し、次いで一九三三〜三七年の第二次五カ年計画に入っていた。この第二次五カ年計画では日本の侵略を警戒して極東の軍備を増強する予定で、「ソ連が強大化する前に叩け」という声が陸軍内に高まっていた。それには第二次五カ年計画が終了する前の一九三五（昭和十）年、三六（昭和十一）年あたりがチャンスと見ていたのだ。

またワシントン軍縮条約、ロンドン海軍条約が一九三六年に失効、無条約時代になり、再び米国との軍事的緊張が高まるものと予想されていた。日本の国際連盟脱退の通告は一九三三年三月だが、脱退には二年前の通告が必要なので、実際に脱退するのは一九三五（昭和十）年になる。それやこれやで「一九三五・六年の危機」が叫ばれていたのだ。

また小林信司はこうも指摘している。

「五・一五事件や二・二六事件は、一部兵士のクーデターにすぎなかった。だが、ゴー・ストップ事件は、軍と内務官僚という当時の二大勢力が、政治の主導権をかけて四つに組んで争った事件で、歴史的には二・二六事件などよりもっと重要な位置を占める」（『大阪百年』毎日新聞社）

対米開戦を目指す海軍主戦派

ここで海軍の動向にも少し触れておきたい。

これまでの記述は主に陸軍についてだが、昭和八年頃からは陸軍の動きに呼応するように、海軍の若手将校も活発な行動を見せるようになった。その代表が海軍の石川信吾中佐（一八九四～一九六四。山口県出身。のち少将）である。

石川は昭和八年十月に長文の「次期軍縮対策私見」を加藤寛治（大将。一八七〇～一九三九）ら艦隊派で固められた海軍中央に提出、統帥権干犯問題で分裂していた海軍の艦隊派を勢いづかせた。昭和五年のロンドン海軍軍縮条約調印を巡って統帥権干犯問題が起きたことはすでに触れたが、その結果、海軍は「条約調印やむなし」という穏健派（条約派）と、条約そのものに反対し各国の兵力均等を主張する条約反対派（艦隊派）に分裂してしまっていた。昭和八年当時の海軍中央は艦隊派がほとんどだった。

石川の「私見」の内容は徹底的な対米強硬策である。満州事変が起きたことで日米のアジア政策は正面衝突し、アメリカは東洋侵攻作戦の準備に入っている。これに対応し、アメリカの作戦を不可能にするためには軍縮会議から脱退、戦力を均等に持って行くことが絶対条件である。

軍縮会議から脱退しても、近年の日本の工業技術の進歩、また満州を手に入れたことで、アメリカに遅れを取る心配はない。無条約時代に入ったら、日本はこれから十年をかけてパナマ運河を通れないような超巨大戦艦五隻を建造、さらに我が国の国情に合った効率のいい軍備を充実させれば、勝利は日本軍のものである——。

パナマ運河を通れないような超巨大戦艦というのは、四十六センチ主砲八門を備えたバケモノのような戦艦で、弾は二万メートルも飛ぶ。相手の戦艦の弾が届かない位置から砲撃すれば、日本海軍の勝利は間違いない。対抗しようと思ってもアメリカはこれほどの巨大戦艦は作れない。なぜならこのくらい大きくなるとパナマ運河を通ることができず、大西洋と太平洋の間の行き来ができない。南米大陸をぐるりと回ってくるほか方法がないため、とんでもなく時間がかかるのだ。従って海軍軍縮会議からは速やかに脱退、超大型戦艦の製造に着手すべきだ、というのだ。

無能・無策な海軍中央はこの石川信吾の「私見」に飛びついた。この「私見」を軍縮会議に臨む際の基本戦略に据え、昭和九年、ロンドン軍縮会議（二回目）の予備交渉代表の山本五十六中将も、翌十年の本会議に出席した永野修身大将も、訓令を受けて軍備の均等を強硬に主張、当然ながら各国の反対を受け、永野修身全権はロンドン軍縮会議からの脱退を宣言した。これで軍縮時代は終わる。

そして石川私見が出された一年後の昭和九年十月、海軍軍令部は艦政本部に超巨大戦艦大和・武蔵・信濃などの建造要求を出した。後年、石川は「日本を太平洋戦争にもっていったのはオレだよ」と語っている。石川は昭和十一年の二・二六事件にも関与し、危うくクビになりかけたが、このピンチを救ったのが郷里（山口県）の先輩である岡敬純（当時海軍省臨時調査課長。一八九〇〜一九七三。のち大将）。岡はまた中学（攻玉社）の先輩でもある。この岡・石川のコンビが対米開戦へ引っぱっていった張本人といってもいいだろう。敗戦後、岡はA級戦犯に指定され修身禁固となった（のち釈放）。

それにしても解せないのは石川信吾にしても海軍中央にしても、日本が巨大戦艦を建造している間、アメリカが何もしないで手をこまぬいていると思い込んでいる点。実際は日米開戦後、ビンソン案（一〜三次まで）、スターク案という二つの建艦計画に基づいて、アメリカは超巨大戦艦こそ作らなかったものの、日本が逆立ちしても追いつけないほどの、ケタ外れに多い軍艦を作り始めるのだ。

ドジついでにロンドン軍縮会議で全権を務めた永野修身についても触れておきたい。永野は高知県出身の海軍軍人（一八八〇〜一九四七）で連合艦隊司令長官、軍令部総長などを歴任、昭和十八年には元帥。また翌昭和十九年には天皇の軍事顧問になっている。文字どおり海軍のトップエリートだ。

その永野が軍令部総長のとき、天皇に真珠湾攻撃の日時を聞かれ、こう答えている。

「**オ上**　海軍ノ日時ハ何日カ
永野　八日ト予定シテ居リマス
オ上　八日ハ月曜日デハナイカ
永野　休ミノ翌日ノ疲レタ日ガ良イト思ヒマス」

海軍出身の作家・阿川弘之はこの事実を紹介したうえで、こう記述している。

「あらためて書くにもあたらないが、東京とハワイの間には日付変更線が走っていて、開戦予定日の十二月八日月曜日は、ハワイ時間では七日の日曜日にあたる。永野修身はそれを知らなかったか乃至は上っていて勘ちがいをしたのであった。

この話はさっそく、

『休みの翌日のアメリカの兵隊がぐったりしている日がよいと思いまして、八日の月曜日を選びました』

と言ったという風に部内に伝わり、永野は『ぐったり大将』という綽名をつけられた」(『山本五十六』新潮社)

ハワイではまだ七日の早朝で、アメリカ兵はぜんぜんぐったりしていなかったのである。永野は自分を「天才」だと思っていた人物で、若いときにハーバード大学に留学、その後もアメリカ駐在の経験があるのに、お粗末としかいいようがない。永野は敗戦後A級戦犯に指名されたが、裁判途中に病死した。

石川信吾といい永野修身といい、こんな連中が日本を太平洋戦争に巻き込んで行ったのだと思うと、情けなくてそれこそグッタリする。

さてゴー・ストップ事件の意味については、作家の半藤一利氏もこう書いている。

「……日本は決して一気に軍国主義化したのではなく、この昭和八年ぐらいまでは少なくとも軍と四つに組んで大相撲を取るだけのことができたといえます。ただし、軍にたてついて大勝負をかけた事件はこれをもって最後となり、この後、あっという間というのか、じりじりというのか、ほどなくマスコミも全面的に軍に屈服し、流れはいつの間にか軍の支持に傾き、軍が『ノー』と言ったことはできない国家になりはじめるのです」（『昭和史 1926-1945』平凡社）

昭和八年というのは、もはや後戻りできなくなった年で、その分水嶺となったのがゴー・ストップ事件といっていい。軍部はこの事件で公務外の「統帥権」も確立、暴走に拍車がかかったからだ。大阪の一軍人のささいな交通違反をきっかけに軍部全体が「赤信号」を無視、やがて日中戦争を経て太平洋戦争になだれ込んで行く。

フランスの哲学者アンリ・ルフェーブル（一九〇一～一九九一）が指摘するように、ファシズムはある日いきなり我々を襲ってくるわけではない。何気ない日常生活のあちこちでポツリ、ポツリと芽吹き、放置しておくとあっという間に手に負えなくなる。ゴー・ストップ事件がまさにそうで、ばかばかしさの裏に制御機能が外れた軍部の不気味さ・危険性をはらんでいることを、新聞はもっと早い段階で強く警告すべきだった。戦前回帰への露骨な動きが加速するいま、「戦争への一里塚」となったゴー・ストップ事件から我々が学ぶべき教訓は、決して少なくないはずだ。

最後に、事件から三十五年後の当事者二人の談話を紹介する。元一等兵の中村政一は魚の行商人に、元交通巡査の戸田忠夫はサラリーマンになっている。戸田はすでに還暦を過ぎている。

中村政一氏の話（録音）

「あのときは丹波の篠山で演習を済ませて外泊もろたわけだんな。そいで親のうち（東淀川区小松町）にいんで、天六に帰ってきて、長いこと電車待ってましたんやけど、こんもんやさかい、ひょいと都島の方を向いたら電車がきたんですねん。ほんで歩道を回ってね、ずうっと渡ったらええやつを、十間あまりはすかいに車道へ降りたわけだんな。それが結局、巡査にしたら腹が立って、エリ首ギャッとつかんで押すようにするわけだんな。ほいでやっぱり兵隊が盗人みたいにされたからかっこう悪いさかいに『離せ、逃げんさかいに離してくれ』いうたんやけど離さへん。そいでそのまま交番所へいったわけだんな。

中でしばらくいい合いましたけど、『憲兵だけのことしか聞かん』とか、そんなこといううた覚えはないしな。今になったらなんやわからん。向こうにしたら抵抗したとか、どづいたとかいうてますけど、こっちはどづかれたから受身にはいったわけだんねん。結局、どづかれ損ちゅうことやから、そこにええところがあるちゅうて、連隊長なんかが警察に抗議したわけだんねん」

中西忠夫（旧姓戸田）氏の話（録音）

「私は従来、梅田の阪急前で勤務なんですが、天六交差点に立つ係の方がたまたま病気で休まれた関係上、私があの日天六へいったわけなんです。ところが十一時半ごろ、通行していた方が『もしもしお巡りさん』とおっしゃるんですよ。『これ巡査さん、兵隊さんがあんなとこ歩いてきてあぶないじゃないか』とおっしゃるんで、ほっと振りむいたところが中村さんやったわけなんです。であるから、メガホンで『歩道へ上がってくれ』と数回に及んで注意したところが、やっぱり当時の軍隊意識といいましょうか、もう平気なもんですねえ。であるから、兵隊さんといえども交通規則は守ってもらわなきゃ困る。一般の市民に対して示しがつかんからと頼んだわけです。

ところが、中村さんは『俺は憲兵のいうことは聞くが、警察のことなんかなに関係あるんや』と、こういうことなんですね。乱闘などは絶対ありえないんですよ。相手が五の力を出せば、私が六の力を出さなんだら、相手方を連行することはできないんですわ。乱闘というようなことは報道陣の付け加えなんですね。

私も実際あれについては、実に不可解でかないませんがな。上層部においてですね、いろいろお考えになることであって、われわれ下級の者がですね、そげなことをどうだこうだと、あえて考える必要はないんだということになってしまったわけなんですね、これは……」（前掲『証言・私の昭和史 ②戦争への道』テレビ東京編）

事件当初こそ〝主役〟を演じた二人だが、陸軍と警察という権力組織同士の一大抗争事件に巻き込まれ、いつの間にかピエロ役にされてしまった。その意味では二人とも軍部の暴走に翻弄された犠牲者だったといえよう。

あとがき

ときには必要に迫られ、ときには無聊を慰めるため、けっこう頻繁に年表を見る。

江戸時代の『武江年表』のようなものなら寝転びながら気楽に読めるが、近代の年表を見ているとやはりある種の緊張感を持たざるを得ない。ことに昭和時代の年表の中心は「戦争」だと言っていいから、余計そうだ。

そして年表を眺めている際、しばしば気になったのが昭和八年の「ゴー・ストップ事件」という記述である。たいがいの年表に載っているが、内容までは書かれていない。もちろん学校でも教わらなかったので、「これはいったいどういう事件なんだろう」と考えたものだ。

そのうち半藤一利氏の本などで事件の概要はわかったが、本格的に興味を持ったのは門田隆将氏の『康子十九歳　戦禍の日記』（文藝春秋）を読み、「ああ、粟屋康子の父親はゴー・ストップ事件で大阪府の警察部長として軍部と渡り合った、あの粟屋仙吉だったのか」と知ったことからだった。粟屋仙吉は広島市長のときに原爆で亡くなっているのは本書で記述したとおりだ。

そのゴー・ストップ事件のことを自分が書くことになるとは夢にも思わなかったが、いざ書いてみるとこれがなかなか難しい。発端はたしかに滑稽でばかばかしいのだが、結末は滑稽どころかいっそ不気味で、軍部のあまりの跳梁跋扈ぶりに暗然たる気持ちにもさせられる。その「落差」をうまく書けたのかどうか、はなはだ心もとない。

それはともかく、この事件からはいろんなことを学ばせてもらった。その一つは、歴史の転換点というのは必ずしも世間を揺るがす大事件だけではないということである。ささいな事件・出来事が、後になって「あのときのあの出来事が分岐点だった」と気付くことが往々にしてあるのだ。

もう一つはいったんこうした事件に巻き込まれると、個人の思惑や善意とは無関係に事態がどんどん拡大・深刻化して行くこと。犠牲となった高柳博人・曾根崎警察署長、高田善兵衛（事件の目撃証言者）の二人もそうだし、殴り合って事件のきっかけを作ってしまった兵士と巡査もごく平凡な若者で、結果的に権力闘争に利用されただけだ。

さらに昭和八年にこの事件が起こったのは決して偶然ではないことも挙げられる。満州事変の二年後、五・一五事件の翌年であり、二・二六事件の三年前なのだ。時代は急激に戦争に向かって回転しており、いわば起きるべくして起きた事件だといっていい。もはや引き返せなくなったのが昭和八年という年で、その象徴がゴー・ストップ事件なのだ。

本書を書く上で先輩たちの残してくれたさまざまな資料のお世話になった。感謝に堪えない。

最後になったが、本書を書く機会を与えていただいた現代書館の菊地泰博社長、編集部の吉田秀登部長に心からの謝意を表したい。

引用および参考文献

大阪毎日新聞
大阪朝日新聞
大阪時事新報
大阪読売新聞（昭和四十二年十二月十四日〜同十二月二十日）
大阪読売新聞『百年の大阪』浪速社
渡辺忠威『いわゆる「ゴー・ストップ事件」始末記』警察学論集／警察大学校編
『松本学氏談話速記録』内政史研究資料／内政史研究会
『続・現代史資料6「軍事警察」』みすず書房
朝野富三『昭和史ドキュメント　ゴー・ストップ事件』三一書房
『ＮＨＫ　歴史への招待　第29巻　二・二六事件』日本放送出版協会
テレビ東京編『証言・私の昭和史　②戦争への道』文春文庫
小林信司『「ゴー・ストップ事件」の社会史的意味』関西大学新聞学研究／関西大学新聞学会編
『大阪府警察史　第二巻』大阪府警察本部
『昭和大阪市史　行政篇』大阪市役所

『岡山県警察史　下巻』岡山県警察史編纂委員会編
『大阪百年』毎日新聞社
朝日放送編『大阪史話』（創元社）
岡本良一・渡辺武『大阪の世相』毎日放送
津上毅一編『粟屋仙吉の人と信仰』待晨堂
『昭和八年陸軍特別大演習並地方行幸福井市記録』福井市役所編
立野信之『昭和軍閥　勃興篇』講談社
高橋正衛『昭和の軍閥』講談社
松下芳男『日本陸海軍騒動史』土屋書店
秦郁彦『統帥権と帝国陸海軍の時代』平凡社
伊藤正徳『軍閥興亡史②』光人社NF文庫
大谷敬二郎『昭和憲兵史』みすず書房
角田忠七郎『憲兵秘録』鱒書房
上砂勝七『憲兵三十一年』東京ライフ社
森正蔵『解禁　昭和裏面史　旋風二十年』ちくま学芸文庫
大江志乃夫『昭和の歴史③天皇の軍隊』小学館ライブラリー
半藤一利『昭和史　1926－1945』平凡社
半藤一利『コンビの研究』文藝春秋
阿川弘之『山本五十六』新潮社

川島正『軍縮の功罪』近代文藝社
戸部良一『日本の近代9　逆説の軍隊』中央公論社
戸高一成編『証言録　海軍反省会2』ＰＨＰ研究所
原田熊雄述『西園寺公と政局　第二巻』岩波書店
伊藤隆編『日本陸海軍の制度・組織・人事』東京大学出版会
福川秀樹『日本陸軍将官辞典』芙蓉書房出版
秦郁彦『日本陸海軍総合事典』東京大学出版会
上田正二郎『あの頃その頃』東京書房
高宮太平『昭和の将帥』図書出版社
高宮太平『軍国太平記』酣燈社
稲葉正夫編『岡村寧次大将資料　上巻』原書房
宇垣一成『宇垣日記』朝日新聞社
黒田秀俊『昭和軍閥　軍部独裁の二〇年』図書出版社
吉田俊雄『海軍参謀』文藝春秋
中澤俊輔『治安維持法』中公新書
唐沢富太郎『教科書の歴史』創文社
中山涙『浅草芸人』マイナビ新書
堀幸雄『右翼辞典』三嶺書房
山田風太郎『人間臨終図巻』徳間書店

松本清張『対談　昭和史発掘』文春新書
司馬遼太郎『司馬遼太郎全集　第六十六、六十七巻』文藝春秋
関一研究会編『関一日記』東京大学出版会
前坂俊之『戦争と新聞 1926－1935　兵は凶器なり』社会思想社
前坂俊之『太平洋戦争と新聞』講談社
前坂俊之『言論死して国ついに亡ぶ』社会思想社
奥平康弘監修『言論統制文献資料集成　第２巻』日本図書センター
百瀬孝『内務省』ＰＨＰ研究所
チャールズ・チャップリン『チャップリン自伝』中野好夫訳／新潮社
和田優博『史実は小説よりも奇なり』私家版
『コンサイス人名辞典　日本編』三省堂
『国史大辞典』吉川弘文館
『角川日本地名大辞典』角川書店

日中戦争までの関連年表（★は海外の出来事）

年号	出来事
大正三（一九一四）年	第一次世界大戦起こる（〜一九一七）
大正六（一九一七）年	★ロシア革命
大正七（一九一八）年	シベリア出兵／富山で米騒動／大阪で白虹事件起こる
大正八（一九一九）年	パリ講和会議
大正九（一九二〇）年	国際連盟発足
大正十（一九二一）年	バーデン・バーデンの密約／ワシントン海軍軍縮会議
大正十一（一九二二）年	山梨軍縮（第一次）
大正十二（一九二三）年	山梨軍縮（第二次）／関東大震災
大正十四（一九二五）年	治安維持法公布／宇垣軍縮
昭和三（一九二八）年	張作霖爆殺事件（満州某重大事件）
昭和四（一九二九）年	★ウォール街株式市場大暴落（世界恐慌）／金解禁の大蔵省令公布
昭和五（一九三〇）年	ロンドン海軍軍縮会議／統帥権干犯問題起こる
昭和六（一九三一）年	三月事件（クーデター未遂事件）／満洲事変起こる／十月事件（クーデター未遂事件）／高橋是清蔵相が金輸出再禁止
昭和七（一九三二）年	寺内寿一が第四師団長に／第一次上海事件／井上準之助、団琢磨暗殺（血盟団事件）／リットン調査団来日／満州国建国／五・一五事件
昭和八（一九三三）年	三原山で第一号の自殺者。以後、自殺者相次ぐ／★ヒトラー内閣成立／小林多喜二の死／日本、国際連盟を脱退／国定教科書改訂／滝川（京大）事件／大阪でゴー・ストップ事件起こる（六月十七日〜十一月十八日）／関東地方防空大演習

昭和九（一九三四）年	海軍軍令部が超大戦艦建造命令を出す／ワシントン条約廃棄通告
昭和十（一九三五）年	ロンドン軍縮会議から脱退／軍務局長・永田鉄山が斬殺される（相沢事件）
昭和十一（一九三六）年	二・二六事件
昭和十二（一九三七）年	盧溝橋事件（日中戦争開始）

山田邦紀（やまだ　くにき）

一九四五年、福井県敦賀市生まれ。早稲田大学文学部仏文科卒業。夕刊紙『日刊ゲンダイ』編集部記者として三十年間にわたって活動、現在はフリー。編著書に『明治時代の人生相談』（幻冬舎）他。共著書に『東の太陽、西の新月――日本・トルコ友好秘話「エルトゥールル号」事件』、『明治の快男児トルコへ跳ぶ――山田寅次郎伝』、著書に『ポーランド孤児・「桜咲く国」がつないだ765人の命』（いずれも現代書館）がある。

軍《ぐん》が警察《けいさつ》に勝《か》った日《ひ》

――昭《しょう》和《わ》八年《ねん》　ゴー・ストップ事件《じけん》

二〇一七年五月二十日　第一版第一刷発行

著　者　山田邦紀

発行者　菊地泰博

発行所　株式会社現代書館

東京都千代田区飯田橋三―二―五

郵便番号　102-0072

電　話　03（3221）1321

FAX　03（3262）5906

振　替　00120-3-83725

組　版　プロ・アート

印刷所　平河工業社（本文）

東光印刷所（カバー）

製本所　積信堂

装　幀　箕浦　卓

校正協力・迎田睦子

ISBN978-4-7684-5801-3